新编大学普通话

下册

新编大学普通话

下册

香港大学中文学院汉语中心

陈欣欣、管海瑾、孟素、施仲谋、杨煜编著（汉语拼音序）

香港大學出版社
HONG KONG UNIVERSITY PRESS

香港大学出版社

香港田湾海旁道七号

兴伟中心十四楼

www.hkupress.org

© 香港大学出版社 2012

ISBN 978-988-8139-20-0

10 9 8 7 6 5 4 3 2 1

彩印制作有限公司承印

目录

前言

　　《新编大学普通话》主要针对香港大学中文学院汉语中心普通话课程而编写，也适合于本港开办的各种成人普通话课程。本书分上、下两册，每册分课文及语音两部分。

课文

　　每册十二课。课文的取材，立足于有时代特征的话题，从社会时事、政治法律、经济金融、科学技术和文化艺术等各个方面，启发学员在不同的专业范畴，运用相应的题材，创造普通话实际运用的氛围，以之激发普通话口语的学习动机。

　　上册用繁体字，分短文、对话、相关词语、口语训练与听力练习五个部分，旨在引导学员多听、多说、多练。

　　下册用简化字，分短文、相关词语、口语训练、视听说练习与朗读实践五个部分，通过不同主题，带出各种专业和相关词汇，目的是照顾不同阶段的学员对真实的普通话语境的需求，加强学员在日常交际或专业范围内运用普通话的信心。

　　考虑到普通话课程在香港的中小学校已逐渐普及，本书的短文、对话及朗读实践等部分的拼音均按字注音，对正词法不作要求，以切合实用功能；而在"相关词语"和"补充词语"的拼音则按正词法连写，希望学生对正词法有所了解。此外，本书大部分内容均配有录音，惟视听说练习的光盘及朗读实践的篇章，请参考原材料，以保护相关之知识产权，敬请谅解。

语音

　　对初学者来说，有必要由浅入深，学习语音知识，以掌握普通话的正确发音；上册安排了声母、韵母、声调、音节和汉语拼音正词法等内容，循序渐进，回环往复，以收复习和巩固之效。对有一定语音基础的大学生和成人学员來說，则重点应放在语音的辨正、对比和特殊用法方面；下册安排了声母辨正、韵母辨正、声调辨正、变调、轻声和儿化等较深层次的训練，温故而知新，更上一层樓。语音部分的内容很丰富，方便教师和学员灵活选择和参考。至于拼音练习的内容，则大多来自课文，以配合相应的语音教学的进行。

　　本书每课课文，均提供大量启发性话题的练习，以满足不同的教学需求。教师宜通过提问、讨论等活动提高学生的口头表达能力，结合各种不同的形式使学生自由发挥和练习，启发用普通话思考，激发学习兴趣，增加参与性。由于普通话科并非中小学的必修科目，学员普通话水平因而有所参差，而课堂时间亦有限，教师可结合课前测试的结果，针对学员的弱点因材施教，力图培养出准确和流利的普通话运用能力。本教材是编者们多年教学经验成果的积累，在编写过程中难免有疏漏之处，尚望大方之家，不吝指正为盼。

第一部分

课 文

第一课

暖人的心桥

香港义工与内地的交流合作很多,其中最为人熟悉的,是草根出生的义工黄福荣。在2010年的青海地震中,他为了拯救被压的孩子不幸牺牲了。除了青海,神州大地的每个角落,都有香港义工的足迹。四川有一所藏族孤儿院,是由一位香港义工和一位搭棚工人出身的义工创办的。香港的非政府组织"生活的艺术基金会"参与了2008年四川地震的灾后心理辅导,基金会的导师,在帐篷内展开创伤心理治疗,用呼吸、伸展和静心练习等创伤疗法,使几天没睡好的灾民们入睡,把他们的情绪安定下来。在广东东莞,香港社工开创了"农民工服务中心",帮助农民工解决生活问题,资助他们的子女上学。

在台湾,称义工为志工,意思是志愿工作者。慈济基金会是证严法师创立的,他们曾救

援过伊朗大地震和朝鲜大饥荒。四川汶川
大地震发生后不久，慈济基金会的救援物资就立
即上路，志工们和灾区的人们一起，迅速做好了
热腾腾的饭菜，用温暖的食物安慰人心，让灾
民重新振作起来。

不少企业家也热衷于发展慈善事业。一位来
自北京的地产商设立了一个基金会，主要是在甘
肃的天水等贫困地区推动美德教育，他们还参
与学校厕所的建设，使学生的整体精神面貌
发生变化。

总的来说，目前中国慈善事业的发展依然
落后，志愿服务的参与率只占全国人口的百分
之三。据报道，香港"乐施会"正在内地进行大
学生义工培训或志愿者实习计划。

佛教讲因果报应。藏族人说："青稞的果子
长青稞，不能长出豆子、麦子。"《圣经》上
说："顺着圣灵撒种的，必从圣灵收永
生。"志愿者们是来自台湾，还是香港特区？
他们的宗教信仰是什么？这些都不重要。从
他们身上，我们看到了"仁者爱人"。两岸三地
的志愿者们共同合作，为大中华地区架起了一

zuò xīn de qiáo liáng zhè chóng xīn de hù dòng chāo yuè le zhèng zhì
座 心 的 桥 梁 ，这 种 "心" 的 互 动 ，超 越 了 政 治

hé zōng jiào gěi wǒ men dài lái xīn líng de jī dàng hé rùn wù wú shēng de
和 宗 教 ，给 我 们 带 来 心 灵 的 激 荡 和 润 物 无 声 的

yǐng xiǎng
影 响 。

▶ 相关词语

1. 行善 xíngshàn

2. 顾问 gùwèn

3. 资助 zīzhù

4. 支援 zhīyuán

5. 安慰 ānwèi

6. 考察 kǎochá

7. 捐赠 juānzèng

8. 实习 shíxí

9. 保障 bǎozhàng

10. 救助 jiùzhù

11. 感激 gǎnjī

12. 宗教 zōngjiào

13. 基金会 jījīn huì

14. 志愿者 zhìyuàn zhě

15. 奉献爱心 fèngxiàn àixīn

16. 沟通技巧 gōutōng jìqiǎo

17. 心理治疗 xīnlǐ zhìliáo

18. 解决问题 jiějué wèntí

19. 敬佩 jìngpèi

20. 义工培训 yìgōng péixùn

21. 尊重 zūnzhòng

22. 传统 chuántǒng

口语训练

（一）学生分组进行讨论。讨论后各组派代表作 2 分钟的口头报告。

（二）讨论题目

1. 当今的社会，人们心灵的距离是近了还是远了？谈谈你个人的感受。
2. 公德心、人们的道德水平对社会进步有什么意义？
3. "我为人人，人人为我"是否过时？试举例阐述。

（三）补充词语

1. 网络 wǎngluò
2. 媒介 méijiè
3. 亲密 qīnmì
4. 疏远 shūyuǎn
5. 宽容 kuānróng
6. 沟通 gōutōng
7. 融洽 róngqià
8. 自私 zìsī
9. 资讯发达 zīxùn fādá
10. 友好相处 yǒuhǎo xiāngchǔ
11. 自我保护 zìwǒ bǎohù
12. 熟悉 shúxī
13. 怨恨 yuànhèn
14. 尴尬 gāngà
15. 关怀 guānhuái

视听说练习

（一）学生于课前观看电影《凤凰琴》，为课堂上口头回答以下短答题作准备。

1. 故事发生在一个什么样的地方？
2. 电影中乡村教师们最大的愿望是什么？
3. 电影反映了中国农村教育面临的哪些困境？
4. 电影中哪一幕令你最感动？为什么？
5. 你对教师们的奉献精神有什么看法？

（二）为帮助中国西部地区的孩子完成学业，扮演义工打电话邀请客户参加慈善活动。

要求：
1. 说明来意。
2. 说明收入的去向。
3. 说明此次活动的目的。
4. 话内容要有说服力。

（三）补充词语

1. 募捐 mùjuān
2. 支票 zhīpiào
3. 了解 liǎojiě
4. 拍卖 pāimài
5. 救济 jiùjì
6. 踊跃 yǒngyuè
7. 筹集资金 chóují zījīn
8. 慈善活动 císhàn huódòng
9. 偏远地区 piānyuǎn dìqū
10. 培训教师 péixùn jiàoshī
11. 微不足道 wēi bù zú dào
12. 影响深远 yǐngxiǎng shēnyuǎn

朗读实践

《普通话水平测试实施纲要》朗读作品 21 号

第二课

地球"发烧"了

从远古时代起,人类就生活在一个充满生命的世界里。从冰天雪地的极地到莽莽丛林的赤道,生命无处不在。各种各样的生物构成了多姿多彩的世界,植物、昆虫、鸟类和动物们靠生物链联系在一起,相互依赖而共存亡,建立了自然界的健康循环。然而,目前地球上的很多物种却濒临灭绝,生物链也遭到了史无前例的破坏。联合国环境规划署的调查表明:森林、空气、海洋和我们的饮用水都在全面地恶化,南极的臭氧空洞正以惊人的速度增大,造成地面辐射增加,气候不断地变暖。

最近三十年来,我们明显地感觉到地球"发烧"了。是地球不高兴了?还是什么神秘力量要存心折腾人类?人们在惶恐中开始探究这背后的症结所在:温室效应。人类从工业革命开始全力推动工业化进程,在生产和生活中大量消耗煤炭、石油和天然气等燃料。这些燃料燃烧时的副产品二氧化碳被源源不断地排放到空气中。二氧化碳急剧增加,并且在大气中持续地累积,地球原本的碳循环平衡被打破,引发了温室效应。随着温室效应的加剧,温度上升的趋势明显,极端天灾事件频繁发生:洪水、旱灾、热浪、地震、龙卷风、疾病肆虐。冰川消融以致于海水上升、地面缩小,最终可能导致生态系统的崩溃,危及人类的生存。

可悲的是,人类尚未完全悔悟,仍源源不断地制造二氧化碳,危害地球。进入二十世纪后半叶,世界性的生产、贸易、金融及各种交往迅猛发展,不少跨国公司为了追求利润,在世界各地设立分公司进行生产和经营,有的提供技术和信息,有的提供廉价的劳动力。尽管全球性的贸易发展与高科技产业为发展中国家带来了就业机会,但也使争夺世界资源和市场的竞争愈演愈烈。不少企业为了降低成本不择手段,不惜以牺牲生态环境为代价。全球的经济一体化推倒了各国疆界,也带来了生态

zāi hài de zhuǎn yí hé chuán bō　jiā jù le quán qiú shēng tài huán jìng de
灾害的　转移和　传播，加剧了　全　球　生　态　环　境　的

è huà　quán qiú huà shì hǎo shì huài　zhēn shi　rén zhě jiàn rén　zhì zhě
恶化。全　球　化是好是坏，真是“仁者见仁，智者

jiàn zhì
见智”。

　　miàn duì rén lèi de shēng cún wēi jī　xǔ duō huán bǎo rén shì jìn nián
　　面对人类的　生　存危机，许多　环　保人士近年

lái tí chū gè zhǒng bù tóng lèi xíng de gǎi shàn fāng fǎ　rú huí guī jiǎn pǔ
来提出各　种不同类型的改善　方法，如回归简朴

de shēng huó　tuī xíng zì rán nóng fǎ　tí chàng shǐ yòng zài shēng néng
的　生　活、推行自然农法、提倡　使　用　再生　能

yuánděng　lǜ sè huán bǎo rén shì bú duàn hū yù mín zhòng jiā qiáng huán
源等。绿色环　保人士不断呼吁民　众　加　强　环

jìng bǎo hù yì shi　jìng huà dì qiú è zhǐ làn shā dòng wù　yǐ zǔ zhǐ dì
境　保护意识，净化地球、扼止滥杀动　物，以阻止地

qiú chí xù de　fā shāo　xià qu bǎo hù wǒ men de dì qiú　bǎo hù dòng
球持续地“发　烧”下去。保护我们的地球，保护动

wù　què bǎo shēng wù liàn bú zài shòu dào pò huài　yǐ jing dào le kè bù
物，确保　生　物链不再受　到破坏，已经到了刻不

róng huǎn de dì bù
容　缓的地步。

相关词语

1. 循环 xúnhuán

2. 恶化 èhuà

3. 臭氧 chòuyǎng

4. 辐射 fúshè

5. 呼吁 hūyù

6. 燃料 ránliào

7. 累积 lěijī

8. 洪水 hóngshuǐ

9. 地震 dìzhèn

10. 惶恐 huángkǒng

11. 牛存 shēngcún

12. 刻不容缓 kè bù róng huǎn

13. 急剧增加 jíjù zēngjiā
14. 温室效应 wēnshì xiàoyìng
15. 生物链 shēngwùliàn
16. 相互依赖 xiānghù yīlài
17. 再生能源 zàishēng néngyuán
18. 龙卷风 lóngjuǎnfēng
19. 旱灾 hànzāi
20. 灾害 zāihài
21. 冰川消融 bīngchuān xiāoróng
22. 濒临灭绝 bīnlín mièjué

口语训练

学生分组进行辩论比赛。

（一）比赛方法

1. 四人一组，抽签决定正、反方。
2. 正、反双方须有主辩、第一副辩、第二副辩及结辩各一人。
3. 参加队伍于比赛时只可带备资料卡，不可携带书籍或其它材料。
4. 比赛先由正方主辩发言，然后由反方主辩发言，再轮到正方第一副辩发言，如此类推，直至反方第二副辩发言完毕。然后由双方结辩发言，先由反方结辩发言，最后由正方结辩发言。
5. 各辩论员的发言时间均为 2 分钟。

（二）辩论题目：经济发展与环境保护相矛盾

（三）评分标准：每位辩论员最高分数为 100 分，其中内容占 40 分，语音 40 分及技巧 20 分。

（四）补充词语

1. 治理成本 zhìlǐ chéngběn
2. 协调 xiétiáo
3. 政府 zhèngfǔ
4. 加大力度 jiādà lìdù
5. 二氧化碳排放量 èryǎng-huàtàn páifàng liàng
6. 气候变化 qìhòu biànhuà
7. 落后 luòhòu
8. 生产方式 shēngchǎn fāngshì
9. 造成破坏 zàochéng pòhuài
10. 造福子孙 zàofú zǐsūn

视听说练习

（一）学生于课前观看电影《后天》（选择普通话频道），并完成以下短答题。

1. 电影开始的一幕，谁先意识到气候大变，并纷纷叫喊的？
2. 洪水冲进了哪座城市？孩子们被困在什么地方？简单描述当时的场面。
3· 电影的结局给大家带来什么启示？

（一）补充词语

1. 呼吁 hūyù
2. 救援 jiùyuán
3. 惊惶 jīnghuáng
4. 危急 wēijí
5. 淹没 yānmò
6. 预料 yùliào
7. 冰天雪地 bīngtiān xuědì
8. 束手无策 shùshǒu wúcè

9. 未雨绸缪 wèiyǔ chóumóu

10. 不见天日 bújiàn tiānrì

（三）分组从以下几个不同的层面进行讨论。讨论后各组选派代表作 2 分钟的口头报告。

讨论题目：

1. 全球暖化跟我们有什么关系？
2. 温室效应会给人类带来什么灾难？
3. 对改善生态环境，你有什么好建议？
4. 如果你是政府环境保护署的专员，你会怎么做？
5. 你认为香港在保护环境方面成功吗？可以借鉴哪些国家的经验？

朗读实践

《普通话水平测试实施纲要》朗读作品 60 号

第三课

官学和书院

早在夏殷周时期，学校已具雏形，并有中央和地方学校之分。学校在发展的过程中，始终保持着"化民成俗"的宗旨。事实上，对政府来说，学校就是为了实行社会教化而存在的。

官学分为中央官学和地方官学两类，前者主要是指太学，后者则指府、州、县等各级学校。两者的目的虽然都是传播儒家思想及实施社会教化，但由于地方官学面向广大民众，因此其宣传教化的广度是中央官学所不能比拟的。尽管历代地方行政区域的划分以及相应的学校称谓略有出入，但各朝地方官学的功能都是"正风俗，扶世教"。在唐宋文人的选集中，就有不少专为地方官学而写的"学记"。这些文章都反映出当时中央要求地方学校在办学时需弘扬儒家道统。有时候，政府还会对学校颁布诏令，并申明对学生的具体要求。比如，康熙年间就曾向地方官学颁布圣谕，内容一再强调"敦孝弟（悌）"、"重人伦"、"明礼让"、"厚风俗"等等。在教学内容方面，官方并没有明确的规定，大概由地方学校自行决定，但基本上都是以儒学经典为主。

　　除了官学，古代还有书院。宋代的书院，多为民办，而且常常地处名山幽林或文化名城。这些书院大多由理学家主持，他们本着淑世[1]的情怀，在讲堂上勾画着自己的教化理想。书院初兴时，较少受官方控制；后来，书院规模逐渐扩大而引起官方的重视。朝廷通过御赐书籍、亲题匾额、提供学田等形式，开始参与书院的经营活动。至此，书院渐渐地走上了官学化及世俗化的道路，并使儒家的伦理道德进一步渗透到基层社会。

　　除了讲学外，书院还有祭祀的功能。事实上，几乎所有的书院都设置了崇祀的对象，

---

1. 淑世，即济世。

shèn zhì yǒu de shū yuàn zhǐ yǒu jì sì huó dòng ér wú jiào xué huó dòng
甚 至 有 的 书 院 只 有 祭 祀 活 动 而 无 教 学 活 动。

shū yuàn chóng sì de duì xiàng dōu shì yí dài rú xué zōng shī　rú zhū xī
书 院 崇 祀 的 对 象 都 是 一 代 儒 学 宗 师，如 朱 熹、

wáng yáng míng děng　huò zhě shì dāng dì míng rú　ér chóng sì de duì
王 阳 明 等，或 者 是 当 地 名 儒。而 崇 祀 的 对

xiàng jiù xiàng zhēng le shū yuàn suǒ yào xuān yáng de lǐ niàn hé jià zhí
象 就 象 征 了 书 院 所 要 宣 扬 的 理 念 和 价 值。

yīn cǐ　shū yuàn de jì sì huó dòng kě shuō shì lìng yì zhǒng xíng shì de
因 此，书 院 的 祭 祀 活 动 可 说 是 另 一 种 形 式 的

jiào huà huó dòng
教 化 活 动。

jīn tiān　zài xué xiào lǐ jǔ xíng jì sì huó dòng kě néng bù hé shí
今 天，在 学 校 里 举 行 祭 祀 活 动 可 能 不 合 时

yí　ér xué xiào de gōng néng yě bù yí piān zhí yú dào dé jiào huà　rán
宜，而 学 校 的 功 能 也 不 宜 偏 执 于 道 德 教 化；然

ér　duì yú chuán tǒng shè huì zūn shī zhòng xué de tài du　hái shi zhí dé
而，对 于 传 统 社 会 尊 师 重 学 的 态 度，还 是 值 得

chuán chéng fā yáng de
传 承 发 扬 的。

节选自施仲谋《中华文化撷英》，北京大学出版社，2008 年

◤ 相关词语

1. 能力测验 nénglì cèyàn
2. 抽象智力 chōuxiàng zhìlì
3. 学术自由 xuéshù zìyóu
4. 习得本能 xídé běnnéng
5. 动作系统 dòngzuò xìtǒng
6. 利他本能 lìtā běnnéng
7. 联想学习 liánxiǎng xuéxí
8. 自我暗示 zìwǒ'ànshì
9. 学前教育 xuéqián jiàoyù
10. 中等教育 zhōngděng jiàoyù
11. 高等教育 gāoděng jiàoyù

12. 平民教育 píngmín jiàoyù

13. 另类教育 lìnglèi jiàoyù

14. 特殊教育 tèshū jiàoyù

15. 机械学习 jīxiè xuéxí

16. 独立阅读 dúlì yuèdú

17. 教科书 jiàokēshū

18. 课外书 kèwàishū

19. 参考书 cānkǎoshū

20. 百科全书 bǎikē quánshū

21. 精神食粮 jīngshén shíliáng

22. 物质食粮 wùzhì shíliáng

23. 入学考试 rùxué kǎoshì

24. 入学标准 rùxué biāozhǔn

25. 学位 xuéwèi

26. 学历 xuélì

27. 文凭 wénpíng

28. 奖学金 jiǎngxuéjīn

29. 留学 liúxué

30. 常春藤 Chángchūnténg

口语训练

学生分组进行辩论比赛。

(一) 比赛方法

1. 四人一组，抽签决定正、反方。

2. 正、反双方须有主辩、第一副辩、第二副辩及结辩各一人。

3. 参加队伍于比赛时只可带备资料卡，不可携带书籍或其它材料。

4. 比赛先由正方主辩发言，然后由反方主辩发言，再轮到正方第一副辩发言，如此类推，直至反方第二副辩发言完毕。

然后由双方结辩发言，先由反方结辩发言，最后由正方结辩发言。

5. 各辩论员的发言时间均为 2 分钟。

（二）辩论题目：教育应重视知识培训多于人格培训。

（三）评分标准：每位辩论员最高分数为 100 分，其中内容占 40 分，语音 40 分及技巧 20 分。

（四）参考用语

1. 莫名其妙 mò míng qí miào
2. 引起注意 yǐnqǐ zhùyì
3. 悬而未决 xuán ér wèi jué
4. 正好相反 zhènghǎo xiāngfǎn
5. 有得必有失 yǒu dé bì yǒu shī
6. 有利有弊 yǒu lì yǒu bì
7. 毫不重要 háobú zhòngyào
8. 不可避免 bùkě bìmiǎn
9. 置之不理 zhì zhī bù lǐ
10. 确切地说 quèqiè de shuō
11. 普遍存在 pǔbiàn cúnzài
12. 化为乌有 huà wéi wū yǒu
13. 拐弯抹角 guǎi wān mò jiǎo
14. 脱离现实 tuōlí xiànshí
15. 打个比方 dǎ ge bǐfang
16. 以……为先 yǐ …… wéi xiān
17. 冰山一角 bīngshān yì jiǎo
18. 值得关注 zhídé guānzhù
19. 大相径庭 dà xiāng jìng tíng
20. 举足轻重 jǔ zú qīng zhòng

视听说练习

（一）学生于课前观看电影《孔子》。

（二）根据电影内容及自己的理解，回答下列问题。

1. 简单介绍一下这部电影。
2. 这部电影中的孔子形象与你想象中的孔子有哪些异同？
3. 哪段情节给你的印象最深刻？哪段情节是败笔？
4. 为什么要加入"子见南子"这一片段？
5. 你认为现代知识分子应具备哪些素质？孔子是否还是现代中国知识分子的典范？

朗读实践

《普通话水平测试实施纲要》朗读作品 55 号

从小渔村到大都会

短文

随着香港主权回归中国，众多外国传媒预测她昔日的光辉将一去不复返。十多年过去了，经历了一连串的惊涛骇浪，香港依然一次次地走出泥沼，发挥着国际金融中心的作用。

除了拥有丰富的国际营商经验，香港的优势在于扎根于自由经济体制、简单的税制，没有增值税，标准税率只是百分之十五。香港是国际知名的金融和商业中心，很多大型的投资银行、资产管理基金、对冲基金都已在香港开设分行。根据国际证券交易所联会的数据，香港证券交易已经超过了东京，在亚洲排名第一，全球排名第三。

由于得天独厚的的地理位置，香港一直是内地企业筹集资金最主要的场所。在香港上市，企业可以在国际市场上建立知名度，有助于日后拓展国际业务。香港的上市标准与国际标准接轨，监管制度受到国际投资者的认同和信赖。企业在香港上市前，要受国际认可资格的专业人士，包括会计师、律师的审查。企业通过重整，完善了管理制度。在股票市场挂牌后，还需遵守上市规则制订的持续责任，定期配制财务报告，这些措施都有效地促使内地企业逐步提高管理水平，使越来越多的内地国企及民营企业进驻香港，利用香港作为他们走出去的平台。

从落后的小渔村到世界最自由的经济体，香港用一百多年的时间建立了一个人口高密度、全民自由、高度自律自治，却秩序井然的社会。然而，在营商环境以外，香港却面临贫富悬殊情况严重、楼价高涨、环境污染日益严重等诸多社会问题。随着经营成本上升、出口竞争加剧、新生代工人问题的出现，珠三角港资企业也面临着前所未有的困境，全球"金融海啸"造成的信贷紧缩、出口减少更让港商"雪上加霜"。另一方面，很多来港投资的外国公司不是因为看中香港市场，而是冲着中国内地蕴含的商机而来。因此，有人认为上海将取代香港的地位。这些隐忧都可能影响这座城市长远的竞争力。

昔日的成功不能保证将来的持续发展，要保持竞争力，香港社会必须审时度势，与时俱进，做出调整，致力于全球定位。港商应充分利用内地的科技优势开发高附加值的品牌产品，才能不断提升产品品质。道路虽艰辛，社会各方只有积极配合，在法规管理、法律服务、会计支援服务、讯息的自由开放等方面保持竞争力，才能继续在金融、商业、城市竞争力上保持亚洲领先地位。善于应变的港人终将再创辉煌。

▶ 相关词语

1. 金融 jīnróng
2. 基金 jījīn
3. 措施 cuòshī
4. 商机 shāngjī
5. 挂牌 guàpái
6. 债券 zhàiquàn
7. 会计 kuàiji
8. 商业中心 shāngyè zhōngxīn
9. 资产管理 zīchǎn guǎnlǐ
10. 对冲基金 duìchōng jī jīn

11. 证券交易所 zhèngquàn jiāoyìsuǒ
12. 拓展业务 tuòzhǎn yèwù
13. 信贷紧缩 xìndài jǐnsuō
14. 数据分析 shùjù fēnxī
15. 财务报告 cáiwù bàogào
16. 秩序井然 zhìxù jǐngrán
17. 善于应变 shànyú yìngbiàn
18. 风险管理 fēngxiǎn guǎnlǐ
19. 经营成本 jīngyíng chéngběn
20. 竞争加剧 jìngzhēng jiājù
21. 资格审查 zīgé shěnchá
22. 投资银行 tóuzī yínháng
23. 标准税率 biāozhǔn shuìlǜ
24. 自由经济 zìyóu jīngjì
25. 筹集资金 chóují zījīn
26. 上市标准 shàngshì biāozhǔn
27. 管理制度 guǎnlǐ zhìdù
28. 民营企业 Mínyíng qǐyè
29. 与时俱进 yǔshí jùjìn
30. 审时度势 shěnshí duóshì

口语训练

（一）学生分组进行讨论。讨论后各组选派代表作 2 分钟的口头报告。

（二）讨论题目

　　1. 香港在国际金融和商业中的地位。
　　2. 香港的贫富悬殊情况。
　　3. 房地产价格高涨与经济泡沫。
　　4. 香港的环境污染问题。
　　5. 香港人善于应变的优势。

（三）补充句子

1. 香港人一向 脚踏实地，既有信心，又有忧患意识。

2. 每一次经济危机都催生着一场新的革命，也改变着全球经济的格局。

3. 技术含量普遍不足的粗放生产模式阻碍着经济发展。

4. 中国的产品出口的自主创新能力还需要加强，港资企业的核心竞争力有待提高。

5. 对全球的投资对象来说，内地市场具有巨大的吸引力。

▎视听说练习

（一）学生于课前观看电影《天水围的日与夜》（选择普通话频道），完成以下选择题。

问题 1：影片的主人公是谁？

　　A. 居住在天水围公屋里的两户人家。

　　B. 一个是寡妇贵姐，她的儿子家安，一位独居的阿婆。

　　C. 贵姐一家。

　　D. 天水围的人。

问题2：贵姐家的生活怎么样？

    A.　不宽裕。

    B.　艰辛的生活。

    C.　惨淡的人生。

    D.　与大多数人一样平淡。

问题3：妈妈这个角色怎么样？

    A.　乐于助人，也很会为人处事，富有同情心。

    B.　孤独寂寞，嫉恨两个弟弟忘恩负义。

    C.　追求平淡的人生。

    D.　不善言辞，听天由命。

问题4：影片插入一组六七十年代香港纱厂女工的旧照片，为的是带给人们什么信息？

    A.　香港曾经有千万个像贵姐一样的普通劳动妇女。

    B.　香港的经济与社会的变迁。

    C.　正是贵姐这样朴实而善良的劳动者，香港才拥有了今天的富足和繁荣。

    D.　随着香港经济腾飞和城市的发展，传统的制造业在香港日渐没落。

问题5：阿婆送首饰给贵姐，贵姐是怎么说的，反映了她什么样的心态？

    A.　"好的，那我就收下了。"贵姐理所当然。

    B.　"这怎么行？"贵姐觉得很惊讶。

    C.　"不行，我怎么忍心收你这么贵重的东西？"贵姐觉得不好意思。

    D.　"我先帮你收下，以后你什么需要钱的事，我帮你办妥。"贵姐非常善解人意。

（二）补充资料

天水围：香港元朗一个距离市中心25公里的小村庄。七、八十年代，为缓解日益紧张的住房问题，政府在这里发展新市镇。由于地处偏远，设施落后，虽房价低廉，却无法吸引中产阶级入住，使之逐渐成为香港贫困群体与外来移民的聚居区。

（三）分组讨论，然后作 2 分钟的口头报告。

1. 简述贵姐家的生活状况。
2. 影片反映了香港社会的弱势群体什么样的生活？
3. 香港经济的发展和社会的变迁，给普通老百姓带来什么影响？

朗读实践

《普通话水平测试实施纲要》朗读作品 2 号

第五课

由"三从四德"到"男女平权"

短文

传统社会，男性除了姓与名以外，还有字和号。然而，大多数的女性却只有姓和名。女子出嫁以后更是将夫姓冠在自己的姓氏之前。《女诫·卑弱》更提到女孩子一出生就被放在床下，旨在说明女性卑下的身份；而让她把玩陶制纺缚，则是期望她能胜任女红，操持家务。由此可见，妇女地位在中国传统社会以及家庭中都是比较卑微的。传统伦理观念把女性的活动规限于闺阁之中，终年在家从事纺织·女红，抚育儿女的工作，让她们培养出软弱、依赖、自卑、屈从的心态，接受父权·夫权及族权，最终丧失独立的思想和个性，成为男性的附庸。

"未嫁从父，既嫁从夫，夫死从子"无疑概括了女性在古代社会中的从属角色。女子自幼至出嫁以前必须绝对服从父亲，尤其婚嫁之事更是要遵从父亲的意向。出嫁后，女性必须尽心服侍丈夫，以丈夫的利益为依归。从丈夫的利益推演开来，就要尽心养育子女，侍奉公婆，凝聚家庭，以至和睦邻里。要是丈夫去世，女性也就转而以儿子为归宿，这一方面反映了女性的弱势地位，另一方面也突显了社会对女性恪守贞节、绝不改嫁的道德要求。明清两朝，守节的风气最盛。当时，寡妇再嫁虽不为法律所禁，但却被视为不光彩的事；相反，守节却可以得到朝廷的旌表，赐匾额、立牌坊、修祠庙，给夫家和娘家带来极高的荣耀。因此，寡妇普遍以守节为荣，多不改嫁，甚至以死殉夫。有时候，娘家为了荣誉，也会支持女儿守节，甚至逼迫女儿殉夫完节。

戊戌变法时期，来自西方的天赋人权、自由、平等的思想被引进中国，冲击着男尊女卑的传统伦理观。康有为、梁启超等开始提倡禁止缠足、兴办女学和女报，并将女性的解放和国家的发展联系起来。辛亥革命时期，孙中山不仅把男女平权作为民权平等的政治纲领的组成部分加以倡导，而且积极鼓励女性参加革命活动，进一步推动了女权运动的发展。

dào le wǔ sì shí qī　bù shǎo nǚ xué sheng hé nǚ gōng dōu cān jiā xīn
到 了 五 四 时 期，不 少 女 学 生 和 女 工 都 参 加 新

wén huà yùn dòng　tā men chuàng bàn fù nǚ kān wù　zǔ zhī hù zhù tuán
文 化 运 动，她 们 创 办 妇 女 刊 物，组 织 互 助 团

tǐ tǎo lùn hé shí jiàn yǒu guān nǚ xìng hūn yīn jiào yù zhí yè yǐ zhì
体，讨 论 和 实 践 有 关 女 性 婚 姻、教 育、职 业，以 至

zhèng zhì cān yù děng shì wù　zhú jiàn kāi shǐ bǎi tuō zì gǔ yǐ lái nǚ xìng de
政 治 参 与 等 事 务，逐 渐 开 始 摆 脱 自 古 以 來 女 性 的

fù yōng dì wèi
附 庸 地 位。

节选自施仲谋《中华文化撷英》，北京大学出版社，2008 年

相关词语

1. 女权主义 nǚquán zhǔyì
2. 女性文学 nǚxìng wénxué
3. 女性书写 nǚxìng shūxiě
4. 女性作家 nǚxìng zuòjiā
5. 女性意识 nǚxìng yìshi
6. 两性关系 liǎngxìng guānxi
7. 父权秩序 fùquán zhìxù
8. 男权中心 nánquán zhōngxīn
9. 个性解放 gèxìng jiěfàng
10. 身份认同 shēnfèn rèntóng
11. 文化霸权 wénhuà bàquán
12. 古代文学 gǔdài wénxué
13. 现代文学 xiàndài wénxué
14. 当代文学 dāngdài wénxué
15. 大众文化 dàzhòng wénhuà
16. 古典主义 gǔdiǎn zhǔyì
17. 现实主义 xiànshí zhǔyì
18. 浪漫主义 làngmàn zhǔyì

19. 结构主义 jiégòu zhǔyì
20. 叙事学 xùshìxué
21. 启蒙 qǐméng
22. 散文 sǎnwén
23. 小说 xiǎoshuō
24. 戏剧 xìjù
25. 诗歌 shīgē
26. 报告文学 bàogào wénxué
27. 传记文学 zhuànjì wénxué
28. 后现代 hòu xiàndài
29. 意识流 yìshiliú
30. 文艺理论 wényì lǐlùn

口语训练

（一）从下列题目中，选择一题，作为演讲题目，自行撰写演讲内容。
　　　演讲时间以三分钟为限。

（二）演讲题目

1. 我最欣赏的女性作家
2. 对我影响最深的一部文学作品
3. 我喜爱的一部电影（或其它艺术形式）

（三）评分标准：每位辩论员最高分数为 100 分，其中内容占 40 分，
　　　语音 40 分及技巧 20 分。

（四）参考用语

1. 感恩 gǎn'ēn
2. 面对 miànduì
3. 理解 lǐjiě
4. 深刻 shēnkè
5. 熟悉 shúxī

6. 判断 pànduàn

7. 否认 fǒurèn

8. 肯定 kěndìng

9. 特意 tèyì

10. 亲自 qīnzì

11. 无非 wúfēi

12. 无可比拟 wú kě bǐnǐ

13. 表面上 biǎomiàn shang

14. 实际上 shíjì shang

15. 由……转向…… yóu …… zhuǎnxiàng ……

16. 对……来说 duì …… láishuō

17. 走……的道路 zǒu …… de dàolù

18. 把……视为…… bǎ …… shìwéi ……

19. 出于……的目的 chūyú …… de mùdì

20. 起着……作用 qǐzhe …… zuòyòng

视听说练习

（一）学生于课前观看电影《世界上最爱我的人去了》。

（二）根据电影内容及自己的理解，回答下列问题。

1. 在这部电影中，哪一段给你的印象最深？

2. 这是一部成功的电影吗？为什么？

3. 你如果是这位面临多重压力的作家，会如何平衡工作与亲情之间的关系？

4. 你认为养老院是否为现代社会老人的最佳归宿？

5. 人们普遍认为根据原著改编的电影往往不如文本精彩，你同意这种说法吗？请举例说明。

朗读实践

《普通话水平测试实施纲要》朗读作品 32 号

第六课

狮子山下的烦恼

短文

对大多数在香港居住过的外国人或外省人来说，这个现代化都市是一个居住时间越长，越令人喜爱的地方。无论是太平山顶的夜景，还是避风港的渔舟唱晚，无论是林立的高楼大厦，还是赤柱西贡的特色村屋，这些看似矛盾的方方面面凝聚着几代香港人智慧的结晶和辛勤的汗水。香港人的心血滋养着这颗璀璨的东方明珠，在耀眼的光芒中我们看到无数动人的香港故事和可喜的经济发展，但同时，也看到它较单一的经济发展模式所带来的隐患。

一九九七年七月一日，香港终于结束了一百五十年的殖民统治回归祖国。由于百多年来的英国统治，香港在政治、经济、文化及意识形态等各方面都和中国内地有非常明显的差异。中国政府为了适应两种不同的体制，对香港采取了"一国两制""港人治港"的政策。因此，回归后的香港作为自治特区，既享受过去政策所带来的充分自由，又无偿受到中央政府在军事及特殊经济需要下的保护。再加上几十年来狮子山下几代人的努力，香港终于在经历种种磨难后再创辉煌，并且在商务、旅游等产业上占尽优势。然而，政治条件的宽松以及经济发展的坚实基础似乎并未使香港成为真正意义上的发达都市。它在很多方面的发展依然强差人意。香港人的人均收入虽然远超内地，但在退休和医疗保障方面却还不如北京、上海等内地一线城市。香港的现代化城市建设可以媲美纽约和伦敦等西方大都市，但在文化生活、文物保护和教育理念方面却又略嫌落后。

　　随着生产业逐渐淡出香港市场，投资热钱的涌入在一定程度上激活了香港的经济，使它成为全球重要的金融中心。但我们不难发现在缺乏制造业的香港，市民的贫富悬殊问题逐渐浮出水面。这一情况也是导致伦常惨剧、青少年吸毒等社会问题的根源。与此同时，社会上层的收入却越来越高，一些精英的薪俸税就高达上千万，而千亿豪宅的出现也并非痴人说梦，成为现实世界的异象。贫富悬殊常使社会陷于不稳定状态，罢工、游行、示威甚至一些过激的行为都使老百姓在利用各种途径来宣泄内心的不满。现在"富者愈富，贫者愈贫"的香港社会似乎与当年《狮子山下》所歌颂的同舟共济、求同存异以及共追理想的香港精神渐行渐远。这究竟是全球化都市所共同遭遇的问题，还是香港所特有的现象，的确发人深省。

香港的未来之路也许依然崎岖漫长，很多事情需要香港人携手解决。重塑香港精神也许正是有责任感的香港人需要严肃对待并慎重思考的。

相关词语

1. 家族企业 jiāzú qǐyè
2. 社工 shègōng
3. 传播媒介 chuánbō méijiè
4. 本土身份 běntǔ shēnfèn
5. 国族身份 guózú shēnfèn
6. 跨地域性 kuàdìyùxìng
7. 政治冷感 zhèngzhì lěnggǎn

8. 新闻资讯 xīnwén zīxùn

9. 娱乐化 yúlèhuà

10. 公职 gōngzhí

11. 勋衔 xūnxián

12. 文化趋同 wénhuà qū tóng

13. 身份认同 shēnfèn rèntóng

14. 不干预政策 bùgānyù zhèngcè

15. 问责制度 wènzé zhìdù

16. 财政预算 cáizhèng yùsuàn

17. 施政报告 shīzhèng bàogào

18. 创意经济 chuàngyì jīngjì

19. 母语教学 mǔyǔ jiàoxué

20. 赈灾义演 zhènzāi yìyǎn

21. 跨境学童 kuàjìng xuétóng

22. 两文三语 liǎng wén sān yǔ

23. 两岸三地 liǎng àn sān dì

24. 回流 huíliú

25. 新移民 xīn yímín

26. 经贸协定 jīngmào xiédìng

27. 自由贸易 zìyóu màoyì

28. 中西合璧 Zhōngxī hébì

29. 免税港 miǎnshuì gǎng

30. 自由行 zìyóu xíng

口语训练

（一）从下列题目中选择一题，作为演讲题目，自行撰写演讲内容。
演讲时间以 3 分钟为限。

1. 香港的明天会更好

2. 香港母语教学之我见

3. 香港精神

（二）评分标准：每位辩论员最高分数为 100 分，其中内容占 40 分，语音 40 分及技巧 20 分。

（三）参考用语

1. 寻找 xúnzhǎo
2. 争相 zhēngxiāng
3. 反对 fǎnduì
4. 针对 zhēnduì
5. 延续 yánxù
6. 秉承 bǐngchéng
7. 信念 xìnniàn
8. 奋起直追 fèn qǐ zhí zhuī
9. 刻苦耐劳 kèkǔ nàiláo
10. 勤奋拼搏 qínfèn pīnbó
11. 开拓进取 kāituò jìnqǔ
12. 自强不息 zì qiáng bù xī
13. 灵活应变 línghuó yìngbiàn
14. 尽管……也…… jǐnguǎn …… yě ……
15. 既是……也是…… jì shì …… yě shì ……
16. 不仅……而且…… bùjǐn …… érqiě ……
17. 对……而言 duì …… éryán
18. 无论……都…… wúlùn …… dōu ……
19. 在……范围之内 zài …… fànwéi zhīnèi
20. ……之声四起…… zhī shēng sìqǐ

视听说练习

（一）学生于课前观看电影《岁月神偷》（选择普通话频道）。

（二）根据电影内容及自己的理解，回答下列问题。

1. 电影的名字为什么叫"岁月神偷"？你认为导演想通过这部电影传达什么信息？

2.　你认为电影中的人物是否具有现实性和代表性？为什么？

3.　电影中哪段情节最让你感动？

4.　这部电影对当代香港社会、家庭和个人有什么现实意义？

▌ 朗读实践

《普通话水平测试实施纲要》朗读作品 47 号

第七课

新的！旧的！

短文

宇宙进化的机轴，全由两种精神来运行，一个是新的，一个是旧的。但这两种精神活动的方向，必须是代谢的，不是固定的；是合体的，不是分离的，才能有助于进化。

中国人今日的生活，全是矛盾生活；中国今日的现象，全是矛盾现象。全国人民都在矛盾现象中讨生活，当然觉得不安，当然觉得不快。因此，人们应该创造一种新生活，来寄顿我们的身心，安慰我们的心灵。

矛盾生活，就是新旧不调和的生活；就是一个新的，一个旧的，其间相去不知几千万里的东西，偏偏凑在一处，分立对抗的生活。这种生活最痛苦，最无趣味，最容易起冲突。这一段国民的生活史，最是可怖。

想研究一个国家或一个都市中某一时期人民的生活，任取其生活现象中的一粒微尘来分析，也能知道其生活全部的特质。我在北京过年，刚过新年，又过旧年。看见贺年的人，有的鞠躬，有的拜跪，有的脱帽，有的作揖；有的在门口悬挂国旗，有的张贴春联，因而起了种种联想：

想起制定宪法，一面规定信仰自由，一面规定"以孔道为修身大本"。信仰自由是新的，孔道修身是旧的。既重自由，又为何强迫人尊孔？既要迫人尊孔，何谓信仰自由？

又想起谈论政治的，一面主张自我实现，一面鼓吹贤人政治。自我实现是新的，贤人政治是旧的。既要自我实现，怎么行贤人政治？若行贤人政治，怎能自我实现？

又想起法制习俗，一面立禁止重婚的刑律，一面许纳妾的习俗。禁止重婚的刑律是新的，纳妾的习俗是旧的。即施刑律，必禁习俗；若存习俗，必废刑律。

总之，中国今日生活现象矛盾的原因，全在新旧的性质相差太远，活动又相邻太近。我常走在前门一带，觉得那样狭窄的一条道路，其间竟能容纳数多时代的器物：也有骆驼轿，也有独轮车，也有骡车、马车、人力车、自行车、汽车等。推独轮车的讨厌人力车、马车、汽车，拉人力车的讨厌马车、汽车，赶马车的又讨厌汽车。反说回来，也是一样。新的嫌旧的碍事，旧的嫌新的危险。仔细想来，这重重叠叠的矛盾现象，全是我们创造能力缺乏的缘故。若能在北京创造一条四通八达的电车轨路，我想那时乘坐驼轿、骡车、人力车等等的人，必都舍弃这些笨拙的工具，来坐迅速便捷的电车，马路自然宽敞，不再拥挤。即使有汽车、马车、自行车等依旧通行，没有那样容易冲突。

因此我很盼望我们新青年打起精神，与政治、社会、文学、思想种种方面开辟一条新路，创造一种新生活，以包容那些残废颓败的老人。不但使他们不妨害文明的进步，而且使他们也享受新文明的幸福，尝尝新生活的趣味。打破矛盾生活，这是我们新青年的责任。

选自李大钊《新的旧的》，《新青年》，1918年5月15日。编者对原文有所删节。

相关词语

1. 风俗 fēngsú
2. 禁忌 jìnjì
3. 节日 jiérì
4. 五行 wǔxíng
5. 西学中源 Xīxué Zhōng yuán
6. 天人合一 tiān rén héyī
7. 儒家 Rújiā
8. 道家 Dàojiā
9. 法家 Fǎjiā
10. 佛教 Fójiào
11. 基督教 Jīdūjiào
12. 伊斯兰教 Yīsīlánjiào
13. 传统 chuántǒng
14. 伦理 lúnlǐ
15. 道德 dàodé
16. 教化 jiàohuà
17. 祭祀 jìsì
18. 人生观 rénshēngguān
19. 国民性 guómínxìng
20. 全盘西化 quánpán Xīhuà
21. 文化本位 wénhuà běnwèi
22. 中体西用 Zhōngtǐ Xīyòng
23. 东方哲学 Dōngfāng zhéxué
24. 西方哲学 Xīfāng zhéxué
25. 流行文化 liúxíng wénhuà
26. 网络文化 wǎngluò wénhuà
27. 城市文化 chéngshì wénhuà
28. 饮食文化 yǐnshí wénhuà
29. 文化差异 wénhuà chāyì
30. 文化产业 wénhuà chǎnyè

口语训练

（一）学生分组选一个题目进行讨论。讨论后各组选派代表作两分钟
　　 的总结报告。

（二）讨论题目

    1.   中国传统思想的现代意义

    2.   西化是否等于现代化和进步文明

    3.   如何兼容中西文化

（三）参考用语

    1.   忧虑 yōulǜ

    2.   困扰 kùnrǎo

    3.   激烈 jīliè

    4.   说服 shuōfú

    5.   忆旧 yì jiù

    6.   重新 chóngxīn

    7.   渗透 shèntòu

    8.   崛起 juéqǐ

    9.   封闭 fēngbì

    10. 前提 qiántí

    11. 面临 miànlín

    12. 所谓 suǒwèi

    13. 威胁 wēixié

    14. 使命感 shǐmìnggǎn

    15. 挡不住 dǎngbuzhù

    16. 随着 …… suízhe ……

    17. 局限于…… júxiàn yú ……

    18. 即使……也…… jíshǐ …… yě ……

    19. 从……的角度 cóng …… de jiǎodù

    20. 只要……就…… zhǐyào …… jiù ……

视听说练习

（一）学生于课前观看电影《洗澡》。

（二）根据电影内容及自己的理解，回答下列问题。

1. 请简单叙述《洗澡》的剧情。
2. 你认为电影哪一部分最精彩？哪一部分是败笔？
3. 你如何理解老刘和刘大明的父子关系？
4. 你如何理解老刘对澡堂的感情？你认为老刘的坚持值得吗？
5. 在现代化与文化情感有所冲突时，在现代化与环境或固有价值观有所对立时，现代人应该怎样选择？

朗读实践

《普通话水平测试实施纲要》朗读作品 16 号

第八课

从温饱到小康

也许是中国人受苦太深，也许是这个民族在黎明前的沉默太久，经过了上世纪漫长的黑洞期，中国的农民、工人、知识分子、民工、小批发商，不管是"黑猫"还是"白猫"，都不约而同地听从了改革的呼唤，将危机变成机遇。这个人口庞大的国家，人们的生活由解决温饱发展到小康。高速铁路、高速公路年增四千公里、外汇储备逐年递增、珠三角和长三角的经济高速发展……中国经济的成就近乎奇迹。尽管有不少官员被质疑贪污，社会上农民工和下岗工人问题严重，这片热土还是受到了外国投资者们前所未有的青睐。一位经济学家曾经预言：二十年后，中国的实力会等于十个日本。

中国经济的决策与经济发展息息相关：是扩大内需，还是缩紧银根？是维持汇率还是货币挂钩？是通胀还是通缩？每一个重大的决定都伴随着阵痛。进入二十一世纪，中国经济已经融入全球经济中，参与世界贸易与股票融资。

这个古老民族的智慧令人惊叹，大批优秀的政治家、知识界精英，将改革的决心与信心一代传一代。面对农用土地日渐减少、能源危机、金融海啸、人民币升值等重重危机，国家的政策都无一例外地具有中国自己的特色：去城乡试点、调研，八十年代农村的土地承包制度，到后来的菜篮子工程、四万亿人民币经济刺激方案、廉租房等，各式各样、层出不穷。中国经济的策划者们既从世界级的经济学家那儿听取意见，也不搞盲目崇拜，应了那句"实事求是"的老话。尽管如此，人们还是担心盲目的投资引发潜在的财政风险和金融风险，经济的高速发展伴随股票市场与房地产市场的泡沫；农民、农民工、下岗职工和"蚁族"们等弱势群体长期得不到援助等，都是社会安定的隐忧。

wú lùn huán jìng rú hé è liè　guò chéng rú hé jiān xīn　rén mín fù
无 论 环 境 如 何 恶 劣、过　程 如 何 艰 辛、人 民 付

chū de dài jià rú hé jù dà　nà tè shū nián dài de jīng jì zhì dù rú hé shǐ
出 的 代 价 如 何 巨 大、那 特 殊 年 代 的 经 济 制 度 如 何 史

wú qián lì　zhōng guó jīng jì zài dōng fāng jué qǐ de shì shí yǐ chén āi luò
无 前 例，中 国 经 济 在 东 方 崛 起 的 事 实 已 尘 埃 落

dìng　yà zhōu de jù rén zhàn qǐ lái le　dāng lì shǐ huí móu zhè yí kè　rén
定，亚 洲 的 巨 人 站 起 来 了。当 历 史 回 眸 这 一 刻，人

men bù huì wàng jì nà xiē cān yù gǎi gé de zhì zhě néng rén men　nián qīng
们 不 会 忘 记 那 些 参 与 改 革 的 智 者 能 仁 们。年 轻

rén　dāng nǐ wèi wǒ men mín zú de zhì huì hé jiān rèn jīng shén shēn shēn
人，当 你 为 我 们 民 族 的 智 慧 和 坚 韧 精 神 深 深

gǎn dòng de shí hou　shì fǒu yě yuàn yì wèi tā zuò xiē shén me
感 动 的 时 候，是 否 也 愿 意 为 她 做 些 什 么？

相关词语

1. 危机 wēijī
2. 储备 chǔbèi
3. 奇迹 qíjì
4. 预言 yùyán
5. 实力 shílì
6. 增长 zēngzhǎng
7. 泡沫 pàomò
8. 崛起 juéqǐ
9. 智慧 zhìhuì
10. 海啸 hǎixiào
11. 崇拜 chóngbài
12. 规律 guīlǜ
13. 解决 jiějué
14. 全球经济 quánqiú jīngjì
15. 通货膨胀 tōnghuò péngzhàng
16. 股票融资 gǔpiào róngzī
17. 货币挂钩 huòbì guàgōu

18. 扩大内需 kuòdà nèixū
19. 缩紧银根 suōjǐn yíngēn
20. 维持汇率 wéichí huìlǜ
21. 金融活动 jīnróng huódòng
22. 息息相关 xīxī xiāngguān
23. 层出不穷 céng chū bù qióng
24. 实事求是 shí shì qiú shì
25. 史无前例 shǐ wú qián lì
26. 智者能仁 zhì zhě néng rén

口语训练

学生分组进行辩论比赛。

（一）比赛方法

1. 四人一组，抽签决定正、反方。
2. 正、反双方须有主辩、第一副辩、第二副辩及结辩各一人。
3. 参加队伍于比赛时只可带备资料卡，不可携带书籍或其它材料。
4. 比赛先由正方主辩发言，然后由反方主辩发言，再轮到正方第一副辩发言，如此类推，直至反方第二副辩发言完毕。然后由双方结辩发言，先由反方结辩发言，最后由正方结辩发言。
5. 各辩论员的发言时间均为 2 分钟。

（二）辩论题目：贫富不均将严重阻碍中国经济的发展。

（三）评分标准：每位辩论员最高分数为 100 分，其中内容占 40 分，语音 40 分及技巧 20 分。

（四）补充词语

1. 物价 wùjià
2. 储蓄 chǔxù

3. 贫穷 pínqióng
4. 失业 shīyè
5. 腐败 fǔbài
6. 富有 fùyǒu
7. 市场经济 shìchǎng jīngjì
8. 个人收入 gèrén shōurù
9. 生活稳定 shēnghuó wěndìng
10. 竞争激烈 jìngzhēng jīliè
11. 社会问题 shèhuì wèntí
12. 发展机会 fāzhǎn jīhuì

视听说练习

（一）学生于课前观看电视连续剧《蜗居》第8集，并完成以下短答题。

1. 为什么海萍说"文学是鱼上面的香菜"？
2. 宋思明与房地产开发商私下会面，他们谈了什么？
3. 海藻和海萍看中的那套房有什么不足之处？按海萍的计划，那套房需要还贷多少年？

（二）补充资料

　　《蜗居》剧情介绍：海萍与苏淳毕业于名牌大学。为了一套安身立命的房子，他们变成了"房奴"。海萍的妹妹海藻与男友也等着攒够首付就谈婚论嫁。市长秘书宋思明在一次饭局上认识了海藻，她梦游般的神情，令他魂回大学时代，他开始追求她。之后，海萍和苏淳都因宋的出面找到工作或免受牢狱之灾，海藻转而成为宋的"二奶"。当海藻怀孕时，宋却车祸身亡。

（三）学生分组进行讨论。讨论后各组派代表作2分钟的口头报告。

讨论题目

1. 比较香港大学生与内地大学生价值观的异同。

2. 你对香港房地产业有什么认识？试举例说明。

3. 理想与现实往往矛盾，大学生应如何平衡两者的关系？

朗读实践

《普通话水平测试实施纲要》朗读作品 20 号

第九课

文学与政治

文学作品能使大众相信尚未发生之事。秦朝直到始皇帝死亡，并未将阿房宫建成，可是唐朝的杜牧写了一篇《阿房宫赋》，天下后世多少人都"知道"秦始皇在这座庞大奢华的建筑里住了三十六年。

文学作品能促使人去做某些事情，"读了《诗经》会说话，读了《易经》会占卦，读了《水浒》会打架。""读了《红楼》会吃穿，读了《三国》会做官，读了《水浒》想招安。"诗歌小说都制造欲望和情感，而欲望和情感是行为的动力。

文学有这样的功能，宗教家、资本家、政治家都为之倾心，这三种人物都希望大众相信他描述的尚未发生之事，因而改变了行为。

文学家与这三种人合作由来已久，他们跟政治家合作的经验最不愉快，宗教家、资本家手中只有软性的权力，对作家只能动之以利或动之以义。政治家手中有硬性的权利，对作家可以胁之以势，继之以迫害。

还有，资本家比较老实，他摆明了是为自己的利益，他对消费者"只能夸大，不可欺骗"。宗教信誓旦旦为了别人的利益。如果欺骗，他的骗局在世界末日来临之前不会揭穿。政治呢，它实际上也许是资本家，文学把它化妆成宗教家，既夸大又欺骗，要命的是真相"立即"大白，作家陷于尴尬之境，既难自解，又难自拔。

有些作家誓言与政治绝缘，这又如何办得到？文学表现人生，批判人生，而政治管理人生，规划人生，这就难分难解。人活于世上要日出而作，日入而息。作家表现人生就看见了政治，批判人生就褒贬了政治。另外，作家需要创作自由，版权需要保护，而作品的销路、读者的购买力都需要经济政策的成功。因此，作家应该厌弃的是独裁者而非政治，独裁者和政治并非同义。

再说政府，政府应该了解，"文章华国"并非说文学是政权的装饰，而是说它是国

jiā de guāng huán　　néng zài shì jiè shang zēng jiā guó jiā de zhī míng dù
家 的 光 环 ，能 在 世 界 上 增 加 国 家 的 知 名 度

hé xī yǐn lì　　yǐn shì rén zūn jìng hé xiàng wǎng　　xiǎo xiǎo dān mài chū le
和 吸 引 力 ，引 世 人 尊 敬 和 向 往 。小 小 丹 麦 出 了

gè ān tú shēng　　jiù zài quán shì jiè ér tóng de jīng shén lǐng yù chéng wéi
个 安 徒 生 ，就 在 全 世 界 儿 童 的 精 神 领 域 成 为

yāng yāng dà guó　　wén xué yì shù shǐ qióng rén biàn fù rén　　shǐ fù rén biàn
泱 泱 大 国 。文 学 艺 术 使 穷 人 变 富 人 ，使 富 人 变

guì rén　　shǐ guì rén biàn shèng rén　　cù jìn rén mín de jīng shén shēng huó
贵 人 ，使 贵 人 变 圣 人 ，促 进 人 民 的 精 神 生 活 ，

tí gāo guó mín yǔ yán shuǐ zhǔn　　jí shǐ mà rén yě mà de yǒu fēng gé　　bú
提 高 国 民 语 言 水 准 ，即 使 骂 人 也 骂 得 有 风 格 。不

yào bǎ wén xué kàn chéng hǎi bào biāo yǔ　　kě yǐ yí yè tiē mǎn dà jiē xiǎo
要 把 文 学 看 成 海 报 标 语 ，可 以 一 夜 贴 满 大 街 小

xiàng　　yí yè yòu sī qù　　Yōu xiù de wén xué zuò pǐn shì guó jiā mín zú de
巷 ，一 夜 又 撕 去 。优 秀 的 文 学 作 品 是 国 家 民 族 的

wén huà zī chǎn　　yí gè fù zé rèn de zhèng quán yí dìng huì gěi hòu shì liú
文 化 资 产 ，一 个 负 责 任 的 政 权 一 定 会 给 后 世 留

xià zhè lèi bǎo guì yí chǎn
下 这 类 宝 贵 遗 产 。

选自王鼎钧《文学与政治》，《明报月刊》，2010 年 1 月号。编者对原文略有删节。

相关词语

1. 资本主义 zīběn zhǔyì

2. 礼会主义 shèhuì zhǔyì

3. 共产主义 gòngchǎn zhǔyì

4. 民族主义 mínzú zhǔyì

5. 爱国主义 àiguó zhǔyì

6. 恐怖主义 kǒngbù zhǔyì

7. 投机主义 tóujī zhǔyì

8. 左派 zuǒpài

9. 右派 yòupài

10. 封建 fēngjiàn

11. 一党执政 yì dǎng zhízhèng

12. 意识形态 yìshi xíngtài
13. 利益团体 lìyì tuántǐ
14. 个人崇拜 gèrén chóngbài
15. 维权 wéiquán
16. 行政机关 xíngzhèng jīguān
17. 体制改革 tǐzhì gǎigé
18. 君主专制 jūnzhǔ zhuānzhì
19. 一审判决 yīshěn pànjué
20. 终审判决 zhōngshěn pànjué
21. 上诉 shàngsù
22. 选举 xuǎnjǔ
23. 投票 tóupiào
24. 游离票 yóulí piào
25. 不信任动议 bùxínrèn dòngyì
26. 弹劾 tánhé
27. 政策 zhèngcè
28. 阶级 jiējí
29. 外交 wàijiāo
30. 权利 quánlì

口语训练

（一）学生分组选一个题目进行讨论。讨论后各组选派代表作两分钟
　　　的总结报告。

（二）讨论题目
　　　1.　文学与政治的关系
　　　2.　言论自由与语言暴力
　　　3.　了解中国政治的最佳途径
　　　4.　大学生与政治

（三）参考用语

1. 观念 guānniàn
2. 义务 yìwù
3. 干预 gānyù
4. 救国 jiù guó
5. 国难 guónàn
6. 谴责 qiǎnzé
7. 呼吁 hūyù
8. 追求 zhuīqiú
9. 痛苦 tòngkǔ
10. 导致 dǎozhì
11. 为政以德 wéi zhèng yǐ dé
12. 默不作声 mò bú zuò shēng
13. 冠冕堂皇 guānmiǎn tánghuáng
14. 义正词严 yì zhèng cí yán
15. 意味着 yìwèi zhe
16. 所谓 suǒwèi
17. 绝不是 jué bú shì
18. 每当 měidāng
19. 为……所不容 wéi …… suǒ bù róng
20. 根据……而定 gēnjù …… ér dìng

视听说练习

（一）学生于课前观看电影《芙蓉镇》。

（二）根据电影内容及自己的理解，回答下列问题：

1. 从胡玉音身上你看到哪些值得佩服的特点？
2. 你认为这部电影里最值得同情的是谁？为什么？

3. 这部影片的导演说："我拍影片更多地追求美育作用、警世作用，希望对祖国、对人类贡献美！"，你认为这部电影是否达到了这个目的？

4. 你认为人们是否应该忘记历史上的政治悲剧而轻装前进呢？为什么？

朗读实践

《普通话水平测试实施纲要》朗读作品 24 号

第十课

法律面前人人平等

suí zhe zhōng guó jīng jì de téng fēi, shè huì shàng chū xiàn le yì xiē
随着中国经济的腾飞，社会上出现了一些

bù hé xié、bù píng děng de xiàn xiàng, rú chéng xiāng chā bié、pín fù chā
不和谐、不平等的现象，如城乡差别、贫富差

jù xuán shū děng wèn tí。zhèng fǔ dà lì tí chàng jiàn shè "hé xié shè
距悬殊等问题。政府大力提倡建设"和谐社

huì" de xīn gài niàn, bǎ "mín zhǔ fǎ zhì、gōng píng zhèng yì" zhì yú "hé
会"的新概念，把"民主法治、公平正义"置于"和

xié shè huì" nèi róng de shǒu wèi, yǐ jiā jǐn fǎ zhì jiàn shè, shì yìng xīn xíng
谐社会"内容的首位，以加紧法制建设，适应新形

shì xià shè huì fā zhǎn de xū yào
式下社会发展的需要。

zhuī qiú gōng zhèng、bǎo zhàng rén quán yì zhí shì xíng shì sù sòng guò
追求公正、保障人权一直是刑事诉讼过

chéng zhōng de jī běn yuán zé。jìn nián xiū dìng de《xiàn fǎ》、《xíng
程中的基本原则。近年修订的《宪法》、《刑

fǎ》zhōng, míng què le "wèi jīng fǎ yuàn shěn pàn, duì rèn hé rén bù dé
法》中，明确了"未经法院审判，对任何人不得

què lì yǒu zuì" jí "zhèng jù xū jīng zhì zhèng hòu rèn dìng" liǎng dà yuán
确立有罪"及"证据须经质证后认定"两大原

zé。rán ér zài xiàn shí shēng huó zhōng, pǔ luó dà zhòng duì yì xiē jī běn
则。然而在现实生活中，普罗大众对一些基本

de fǎ lǜ zhī shi, bāo kuò bǎo hù rén quán、wú zuì tuī dìng děng fǎ lǜ gài
的法律知识，包括保护人权、无罪推定等法律概

niàn méi yǒu rèn shi, duì zhè xiē yuán zé de shì yòng xìng yě yǒu yí huò。lì
念没有认识，对这些原则的适用性也有疑惑。例

rú, èr líng yī líng nián yī yuè, chóng qìng shì quán miàn dǎ hēi, qián shì
如，二零一零年一月，重庆市全面打黑，前市

sī fǎ jú jú zhǎng wén qiáng zài chóng qìng zhèng shì shòu shěn。wén qiáng
司法局局长文强在重庆正式受审。文强

涉嫌受贿罪、包庇罪、巨额财产来源不明罪等罪名；同时，"北京知名律师杨矿生为文强辩护"的新闻也受到网民的广泛关注。该名杨律师不仅遭到人肉搜索，还遭到网民做出的种种威胁，甚至被攻击为"无良"、"黑社会的帮凶"。可见，大部分公众还是抱着传统的"道德正义"观念，混淆了坏人和罪人的定义，而且认为坏人不能享有辩护权。其实，任何法律都不会要求被告人自证其罪。

实际上，不管我们是否触犯法律，每个人都有可能成为犯罪嫌疑人或被告人。就法律理论而言，"法律面前人人平等"的"平等"是一种权利能力的平等，"人人"既包括"好人"，也包括"坏人"。不管是犯罪嫌疑人，还是被告人，均享有辩护权。律师的辩护，不是帮坏人，也不是巧言令色的诡辩。另一方面，法律的正义包括结果的正义和程序的正义。司法过程中，尤其是诉讼过程中，没有程序的正义就谈不上结果的正义；只用"道德正义"作为审判的标准往往具有盲目性及随意性。

xiàn dài shè huì yīng chàng dǎo bǎo hù rén quán　ér duì biàn hù quán luò
现 代 社 会 应 倡 导 保 护 人 权，而 对 辩 护 权 落

shí qíng kuàng de guān zhù chéng dù　biāo zhì zhe yí gè guó jiā fǎ zhì fā
实 情 况 的 关 注 程 度，标 志 着 一 个 国 家 法 治 发

dá de chéng dù　wǒ men de shè huì yīng pǔ jí zhèng què de fǎ lǜ yì shi
达 的 程 度。我 们 的 社 会 应 普 及 正 确 的 法 律 意 识，

gǎi biàn zhǐ yòng dào dé shěn pàn de xí guàn　yǐ píng hé lǐ xìng de xīn tài
改 变 只 用 道 德 审 判 的 习 惯，以 平 和 理 性 的 心 态

hé kē xué de guān diǎn　zhèng què fēn xī fǎ zhì jiàn shè zhōng de zhū duō
和 科 学 的 观 点，正 确 分 析 法 治 建 设 中 的 诸 多

wèn tí
问 题。

相关词语

1. 被告人 bèigào'rén
2. 原告 yuángào
3. 驳回 bóhuí
4. 释放 shìfàng
5. 审判 shěnpàn
6. 涉嫌 shèxián
7. 委任 wěirèn
8. 监督 jiāndū
9. 宪法 xiànfǎ
10. 修订 xiūdìng
11. 权利 quánlì
12. 裁定 cáidìng
13. 脱罪 tuōzuì
14. 受贿 shòuhuì
15. 法律意识 fǎlǜ yìshi
16. 嫌疑人 xiányí rén
17. 证人 zhèngrén
18. 上诉 shàngsù

19. 证据 zhèngjù
20. 受审 shòushěn
21. 辩护 biànhù
22. 受理 shòulǐ
23. 刑法 xíngfǎ
24. 义务 yìwù
25. 控告 kònggào
26. 羁押 jīyā
27. 司法机关 sīfǎ jīguān
28. 法治精神 fǎzhì jīngshén

口语训练

学生分组进行辩论比赛。

（一）比赛方法

1. 四人一组，抽签决定正、反方。
2. 正、反双方须有主辩、第一副辩、第二副辩及结辩各一人。
3. 参加队伍于比赛时只可带备资料卡，不可携带书籍或其它材料。
4. 比赛先由正方主辩发言，然后由反方主辩发言，再轮到正方第一副辩发言，如此类推，直至反方第二副辩发言完毕。然后由双方结辩发言，先由反方结辩发言，最后由正方结辩发言。
5. 各辩论员的发言时间均为 2 分钟。

（二）辩论题目：律师不该给坏人辩护

（三）评分标准：每位辩论员最高分数为 100 分，其中内容占 40 分，语音 40 分及技巧 20 分。

（四）补充句子

1. wáng zǐ fàn fǎ yǔ shù mín tóng zuì
   王 子 犯 法 与 庶 民 同 罪。

2. fǎ lǜ de jū shù lì yǒu xiàn
   法 律 的 拘 束 力 有 限。

3. huài rén yǒu shí xiāo yáo fǎ wài shǐ rén men duì fǎ lǜ fǎ guī
   "坏 人"有 时 逍 遥 法 外,使 人 们 对 法 律 法 规
   bào yǒu jiǎo xìng xīn tài
   抱 有 侥 倖 心 态。

4. shì mín duì huài rén shì fǒu yǒu zuì de pàn dìng cháng shòu
   市 民 对 "坏 人"是 否 有 罪 的 判 定, 常 受
   chuán méi de yǐng xiǎng
   传 媒 的 影 响。

5. gōng zhòng de yú lùn bù yīng gāi zuǒ yòu fǎ tíng de pàn jué
   公 众 的 舆 论 不 应 该 左 右 法 庭 的 判 决。

视听说练习

(一)学生于课前观看电影《霸王别姬》,并完成以下短答题。

1. 抗日战争胜利后,政府逮捕了程碟衣。程碟衣的罪名是什么?

2. 程碟衣受审时,哪些人为了救他,出庭作证?法庭是怎么宣判的?

3. 程碟衣在法庭上如何自我陈述?最后为什么能够化险为夷?

4. 文化大革命时,小四是怎样审问段小楼的?

5. 小四是怎么威逼段小楼就犯的?段小楼又是怎样揭发程碟衣的?

(二)学生看完影片后进行分组讨论,讨论后各组选派代表作2分钟的口头报告。

讨论题目

1. 没有健全的法律制度,人们会面临什么样的威胁?

2. 对于改善中国的法律环境,你有什么建议?

（三）补充词语

1. 罪证 zuìzhèng
2. 宣布 xuānbù
3. 休庭 xiūtíng
4. 耻辱 chǐrǔ
5. 揭发 jiēfā
6. 提醒 tíxǐng
7. 出庭 chūtíng
8. 确实 quèshí
9. 释放 shìfàng
10. 逮捕 dàibǔ
11. 冤枉 yuānwang
12. 出卖 chūmài
13. 祸从天降 huò cóng tiān jiàng
14. 铁证如山 tiě zhèng rú shān
15. 血口喷人 xuè kǒu pēn rén

朗读实践

《普通话水平测试实施纲要》朗读作品 19 号

第十一课

传统和现代

■ **短文**

"历史如人一般，永不停步。"具有悠久传统的中国文化，在世界文化丛林中独树一帜，并在岁月长河中留下了深深的烙印。未来的中华文化又将何去何从呢？中华文化如何延续历史的光芒，并在全人类的文化发展中继续发挥作用呢？

总结过去，正是为了开创更美好的未来。以开放的胸襟迎接、吸纳新的文化要素正是创造美好前景的前提。但这并不意味告别过去，因为作为一个文化传统深厚的泱泱古国，文化传统的"断裂"，事实上是不可能做到的。提倡文化传统的现代意义，并非认为传统文化与现代没有任何冲突，可以原封不动地保存下来，而是立足现实，从传统文化中汲取可以为今天所用的东西。因此，新的中华文化既不是固守传统，也不是照搬西方的思维模式，而是要在中国固有文化的基础上建立起来，体现时代精神。

中华文化固有的优良传统，如和而不同的包容胸怀、自强不息的文化精神、追求和平的淑世精神等，渊源流长，而对于中国文化的不足之处，我们也必须格外注意。

未来的中华文化，诚如牟宗三、徐复观、张君劢和唐君毅在《为中国文化敬告世界人士宣言》中所展望：「是要使中国人不仅由心性之学，以自觉其自我之为一"道德实践的主题"，同时当求在政治上，能自觉为一"政治的主体"，在自然界知识界成为"认识的主体"及"实用技术的活动之主体"。」

这也就是说，中华文化既需要道德实践的主体内涵，也需要民主、科学和实用技术相辅相成，以使中华文化的发展更加全面。

在中国，政治对文化的影响殊深。传统中国社会提倡德治、仁治，推行伦理政治型管制模式，这是有其时代的合理性的。但随着时代的演进，民主制度的建立成为社会发展的坚实基础。

中国古代科学在世界文明进程中贡献良多，但在近代却被西方国家远远抛离。"科技兴国"，所兴者必然引动人们观念的兴替更新。

"法乃国之本"蕴含公平、公正、公开的法治精神，其普世的价值不言而喻。传统中华文化法治思想较为薄弱，有以仁治凌驾法律的偏颇，这也有待矫正。

可以肯定地说，西方文化中重视民主、自由、科学、法治之精神，确实是过去伦理型的中国社会较为忽略的。这些代表西方文明的可贵精神，正可通过转化和吸收，成为中华政治、文化以致思想观念发展的资源。

节选自施仲谋《中华文化撷英》，北京大学，2008 年。编者对原文有所改动。

相关词语

1. 同化 tónghuà
2. 同龄群体 tónglíng qúntǐ
3. 公共空间 gōnggòng kōngjiān
4. 公民社会 gōngmín shèhuì
5. 弱势群体 ruòshì qúntǐ
6. 单亲家庭 dānqīn jiātíng
7. 精英主义 jīngyīng zhǔyì
8. 个人主义 gèrén zhǔyì

9. 利他主义 lìtā zhǔyì
10. 利己主义 lìjǐ zhǔyì
11. 性别歧视 xìngbié qíshì
12. 种族歧视 zhǒngzú qíshì
13. 分工 fēngōng
14. 反社会行为 fǎnshèhuì xíngwéi
15. 文化工业 wénhuà gōngyè
16. 文化资本 wénhuà zīběn
17. 旅鼠效应 lǚshǔ xiàoyìng
18. 成年人 chéngniánrén
19. 未成年人 wèichéngniánrén
20. 外籍劳工 wàijí láogōng
21. 现代化 xiàndàihuà
22. 工业化 gōngyèhuà
23. 父权 fǔquán
24. 信仰 xìnyǎng
25. 宗教 zōngjiào
26. 人际关系 rénjì guānxi
27. 最低工资 zuì dī gōngzī
28. 中产阶级 zhōngchǎn jiējí

口语训练

（一）每组二至三名同学，选一个题目进行话剧写作及表演。

（二）题目

完璧归赵

负荆请罪

鸿门宴

四面楚歌

成败萧何

三顾茅庐

（三）评分标准：每位辩论员最高分数为 100 分，其中内容占 40 分，語音 40 分及技巧 20 分。

（四）参考用语

1. 给予 jǐyǔ
2. 倘若 tǎngruò
3. 担忧 dānyōu
4. 格外 géwài
5. 动辄 dòngzhé
6. 凡是 fánshì
7. 千万 qiānwàn
8. 势必 shìbì
9. 急于 jíyú
10. 一旦 yídàn
11. 不利于 búlìyú
12. 除此以外 chúcǐyǐwài
13. 出于……的考虑 chūyú …… de kǎolǜ
14. 无论如何 wúlùnrúhé
15. 不仅不……反而…… bùjǐnbù …… fǎn'ér ……
16. 从……来看 cóng …… lái kàn
17. 宁可……也不…… nìngkě …… yě bù ……
18. 与……有关 yǔ …… yǒuguān
19. 对……充满…… duì …… chōngmǎn ……
20. 在……眼中 zài …… yǎnzhōng

▶ 视听说练习

（一）学生于课前观看电影《霸王别姬》。

（二）根据电影内容及自己的理解，回答下列问题：

1. 电影为什么定题为《霸王别姬》？
2. 看了这部电影，比较一下传统社会中"戏子"和现代社会中"演员"的地位。

3.　看了这部电影，你对民国时期的中国社会和文革中的中国
　　社会有什么具体认识？

4.　电影最后，程蝶衣为什么要自杀？你觉得这个结尾是否合
　　理？

朗朗读实践

《普通话水平测试实施纲要》朗读作品 11 号

第十二课

中华文化与世界文明

短文

梁启超曾分中国历史为"中国之中国"、"亚洲之中国"、"世界之中国"三个阶段。第一阶段,是以黄河中下游为中心的中原与其周围亚文明地区的融汇时期,时间大致从上古至秦统一。第二阶段,是以中原王朝为中心,文明向四方传播,并在交流中广泛汲取中国境内以至境外亚洲地区的异质文化,时间大致从秦汉至明末清初。第三阶段,则是西学冲击的时期。这一时期,中华文化处于被动的态势,受到近代西方文明的挑战,时间大致从十八世纪清中叶开始。

从秦至清两千多年,中国无疑是亚洲历史舞台的主角。中华文化,不仅深刻影响着东亚社会的文明进展,而且以较大的辐射力影响着世界文明的进程。中国与欧洲各国,由于地理位置相隔遥远,在远古并没有多大联系。

随着丝路的开通，物质文明的交换日益频繁，但精神文明的相互影响，相对还处于潜伏期。比较而言，在思想领域可以说是处于各自较独立的发展状态，因而形成了两种迥异的文化体系。

在文艺复兴之前，中国的四大发明已经陆续传入欧洲。正是这四大发明，促进了欧洲封建制度的崩溃和资本主义因素的萌芽。火药一开始就成为新兴君主政体反对封建贵族的武器，至于指南针对于西方国家的影响，则更为明显。如果哥伦布等航海家的航船上没有罗盘针作向导，他们的探险旅程要想取得成功，恐怕是很难想象的。造纸术和印刷术对于文化思想领域革命性的影响更是不言而喻。有了印刷术之后，书籍可以大量发行，思想流播容易，这就从根本上打破了以往教会的知识垄断，而将文化教育普及至社会各阶层之中。

启蒙运动发生在文艺复兴之后。我们知道，欧洲中世纪的思想传播，受到宗教神学的统摄，迷信色彩非常浓厚。在这种情况下，来自东方的中国文明，就成为启蒙学者

们 的 一 个 重 要 思 想 源 泉 。这 以 法 国 的 伏 尔 泰
最 具 代 表 性 ，他 认 为 只 有 借 鉴 儒 家 的 人 文 思 维 ，才
可 以 建 立 一 个 崇 尚 理 性 、自 然 和 道 德 的 理 性 社
会 ，而 中 国 的 儒 家 、法 律 、官 制 和 道 德 ，就 是 以 “理
性 ”和 “真 理 ”而 达 到 治 国 平 天 下 的 途 径 。

　　人 类 在 经 过 两 次 世 界 大 战 后 ，又 再 次 把 目 光
转 向 东 方 ，希 望 从 中 华 文 化 寻 找 思 想
活 泉 ，开 创 一 种 有 利 人 类 长 远 福 祉 的 文 化
方 向 。于 是 ，中 华 文 化 在 经 过 百 年 沉 寂 后 ，
又 再 次 走 上 世 界 舞 台 。回 顾 历 史 前 进 的 足 迹 ，我
们 相 信 ，中 华 文 化 将 一 如 既 往 ，由 “中 国 之
中 国 ”而 “世 界 之 中 国 ”，在 未 来 文 明 的 进 程
中 散 发 出 更 夺 目 的 光 芒 。

节选自施仲谋《中华文化撷英》，北京大学出版社，2008 年

相关词语

1. 物质 wùzhì
2. 精神 jīngshén
3. 革命 gémìng
4. 感性 gǎnxìng
5. 民主 mínzhǔ
6. 自由 zìyóu
7. 公平 gōngpíng
8. 公开 gōngkāi

9. 保守 bǎoshǒu

10. 批判性 pīpànxìng

11. 多元论 duōyuánlùn

12. 全球化 quánqiúhuà

13. 隋唐佛学 Suí Táng fóxué

14. 中华文化 Zhōnghuá wénhuà

15. 自强不息 zìqiáng bùxī

16. 古为今用 gǔwéi-jīnyòng

17. 文艺复兴 wényì fùxīng

18. 道德理想 dàodé lǐxiǎng

19. 中学为体 Zhōngxué wéi tǐ

20. 西学为用 Xīxué wéi yòng

21. 独立思考 dúlì sīkǎo

22. 理性 lǐxìng

23. 淑世 shūshì

24. 科学 kēxué

25. 公正 gōngzhèng

26. 转化 zhuǎnhuà

27. 思维 sīwéi

28. 新儒学 xīn Rúxué

29. 地球村 dìqiúcūn

30. 先秦诸子 xiān Qín zhūzǐ

31. 宋明理学 Sòng Míng lǐxué

32. 世界文明 shìjiè wénmíng

33. 天人合一 tiān rén héyī

34. 启蒙运动 qǐméng yùndòng

35. 仁义礼智 rén yì lǐ zhì

36. 闭关主义 bìguān zhǔyì

37. 改革开放 gǎigé kāifàng

38. 文化资源 wénhuà zīyuán

口语训练

学生分组进行辩论比赛。

（一）比赛方法

1. 四人一组，抽签决定正、反方。
2. 正、反双方须有主辩、第一副辩、第二副辩及结辩各一人。
3. 参加队伍于比赛时只可带备资料卡，不可携带书籍或其它材料。
4. 比赛先由正方主辩发言，然后由反方主辩发言，再轮到正方第一副辩发言，如此类推，直至反方第二副辩发言完毕。然后由双方结辩发言，先由反方结辩发言，最后由正方结辩发言。
5. 各辩论员的发言时间均为 2 分钟。

（二）辩论题目：传统的忠、孝观念适用于现代社会

（三）评分标准：每位辩论员最高分数为 100 分，其中内容占 40 分，语音 40 分及技巧 20 分。

（四）补充词语

1. 儒家 Rújiā
2. 忠诚 zhōngchéng
3. 正义 zhèngyì
4. 牺牲 xīshēng
5. 五伦 wǔlún
6. 伦常 lúncháng
7. 责任 zérèn
8. 性善 xìng shàn
9. 孝顺 xiàoshùn
10. 敬业乐业 jìngyè-lèyè
11. 舍生取义 shěshēng-qǔyì

12. 亲子关系 qīnzǐ guānxi
13. 本分 běnfèn
14. 慎终追远 shènzhōng-zhuīyuǎn

视听说练习

（一）学生于课前观看"儒家思想可以抵御西方歪风"辩论比赛的录像，并完成以下填空练习。

1. 正方队伍名称：
2. 反方队伍名称：
3. 正方的主要论点是：
4. 反方的主要论点是：
5. 你认为优胜的队伍是：
   理由：
6. 你认为现场表现最优秀的辩论员是：
   理由：

（二）学生看完录像后，在课堂上作两分钟的短讲。短讲内容必须包括自己支持哪一方的观点，并提出论据和实例，以加强说服力。

（三）补充词语

1. 功利 gōnglì
2. 协调 xiétiáo
3. 落伍 luòwǔ
4. 综合 zōnghé
5. 承认 chéngrèn
6. 强调 qiángdiào
7. 论断 lùnduàn
8. 实例 shílì
9. 社会学 shèhuìxué
10. 道德观 dàodéguān
11. 自私 zìsī

12. 秩序 zhìxù
13. 流变 liúbiàn
14. 提倡 tíchàng
15. 反观 fǎnguān
16. 判断 pànduàn
17. 阐述 chǎnshù
18. 论证 lùnzhèng
19. 生理学 shēnglǐxué
20. 历史观 lìshǐguān

朗读实践

《普通话水平测试实施纲要》朗读作品 45 号

第二部分

语音

声母辨正

辨别 zh、ch、sh，z、c、s 和 j、q、x

　　广州话没有舌尖后音 zh、ch、sh，也没有舌尖前音 z、c、s，只有一组与舌面音 j、q、x 近似的舌叶音 dz、ts、s。要分清普通话这三组音，首先要弄清它们的发音部位和发音方法，再熟读《北京语音表》内与该三组音有关的音节。现举例如下：

分辨 zh–z

zhìzào	制造	zìzào	自造
zhōngzhǐ	终止	zōngzhǐ	宗旨
zhīzú	知足	zīzhù	资助
zhǔzǎi	主宰	zànzhù	赞助
zhǐzé	指责	zìzé	自责
zázhì	杂志	zìzhuàn	自传
zhǒngzú	种族	zuòzhě	作者

分辨 ch–c

chǔcún	储存	chúncuì	纯粹
chuǎicè	揣测	chángcún	长存
chéngcái	成材	chūcì	初次
cáichǎn	财产	cāochǎng	操场
céngchū	层出	cùchéng	促成
cǎichóu	彩绸	cíchǎng	磁场

分辨 sh-s

shūsàn	疏散	shàn sù	膳宿
shàngsù	上诉	shénsù	神速
shēnsī	深思	shēngsǐ	生死
suíshí	随时	sǐshāng	死伤
sīshì	私事	suǒshì	琐事
sùshè	宿舍	sùshí	素食

分辨 z-j

zájì	杂技	zàijiàn	再见
zēngjiā	增加	zūnjìng	尊敬
zījīn	资金	zìjǐ	自己
jìzǎi	记载	jízào	急躁
jízī	集资	juānzèng	捐赠
jízǒu	疾走	jiāozòng	娇纵

分辨 c-q

cánquē	残缺	cóngqián	从前
còuqiǎo	凑巧	cūqiǎn	粗浅
cāiquán	猜拳	cǎoqiān	草签
quáncái	全才	qiāncí	谦辞
qícái	奇才	qīngcuì	清脆
qiáncáng	潜藏	qíngcāo	情操

分辨 s-x

sānxiá	三峡	sèxiàng	色相
sànxīn	散心	sōuxún	搜寻
sūxǐng	苏醒	sùxiě	速写
xiǎosè	晓色	xiāosàn	消散

| xiūsào | 羞臊 | xǐsè | 喜色 |
| xiāosǎ | 潇洒 | xíngsì | 形似 |

分辨 j-zh

jiǎngzhāng	奖章	jiǎnzhí	简直
jiànzhù	建筑	jiézhù	截住
jīzhì	机智	jìzhě	记者
zhǎngjià	涨价	zhàojí	召集
zhēnjiǔ	针灸	zhěngjié	整洁
zhījǐ	知己	zhēnjiǎ	真假

分辨 q-ch

qiánchéng	前程	qiúchǎng	球场
qiēchú	切除	qūchú	驱除
qīngchūn	青春	qǐchū	起初
chángqī	长期	chōuqiān	抽签
chāqǔ	插曲	chéngqīng	澄清
chéngquán	成全	chāoqún	超群

分辨 x-sh

xiǎngshòu	享受	xiǎnshì	显示
xīnshǎng	欣赏	xiéshāng	协商
xiǎoshuō	小说	xiěshēng	写生
shāngxīn	伤心	shénxiān	神仙
shàngxué	上学	shěnxùn	审讯
shíxíng	实行	shìxiàng	事项

对比辨音

| zuòshì | 做事 | zuòxì | 做戏 |

zhījǐ	知己	zìjǐ	自己
jìshù	技术	jìxù	继续
zìxù	自序	zhìxù	秩序
sīzhǎng	司长	shīzhǎng	师长
zàojiù	造就	zhàojiù	照旧
zázhì	杂志	zájì	杂技
chūnzhuāng	春装	cūnzhuāng	村庄
xīnshǎng	欣赏	xīnxiǎng	心想
sōují	搜集	shōují	收集
cāshǒu	擦手	chāshǒu	插手
zǒngzhàng	总帐	zhǒngzhàng	肿胀
zànshí	暂时	zhàn shí	战时
sānjiǎo	三角	shānjiǎo	山脚
sīshì	私事	shīshì	失事

辨别 n 和 l

　　普通话 n、l 分明，"男"读 nán，"篮"读 lán。广州话 n、l 本来也是分的，但有些人却不大理会。要学好普通话，必须要分辨鼻音 n 和边音 l。

分辨 n-l

nàiláo	耐劳	nǎlǐ	哪里
nàlǐ	那里	nǎolì	脑力
nǔlì	努力	núlì	奴隶

| niánlì | 年历 | nèiluàn | 内乱 |
| nènlǜ | 嫩绿 | néngliàng | 能量 |

分辨 l-n

lànní	烂泥	lǎonián	老年
lǎoniáng	老娘	liánnián	连年
lěngnuǎn	冷暖	liúnàn	留难
línàn	罹难	liúniàn	留念
luònàn	落难	lìnián	历年

对比辨音

nánnǚ	男女	lánlǚ	褴褛
liúniàn	留念	liúliàn	留恋
nónglín	农林	lónglíng	珑玲
liánnián	连年	niánnián	年年
Lǎo Lù	老陆	nǎonù	恼怒
Lǎo Liú	老刘	lǎoniú	老牛
lǎonóng	老农	láolóng	牢笼

▶ 辨别 f、k 和 h

　　广州话读 f 的声母，在普通话中分为 f、k、h 三类，所以广东人学习普通话时务必注意分辨这三个声母。

分辨 f-h

fāhuāng	发慌	fánhuá	繁华
fánghù	防护	fánghóng	防洪
fēnhuà	分化	fēnghuǒ	烽火
hǎifáng	海防	héfǎ	合法
huāfèi	花费	huāngfèi	荒废
huàféi	化肥	huīfù	恢复

分辨 f-k

fákuǎn	罚款	fǎnkàng	反抗
fǎnkuì	反馈	fàngkuān	放宽
fēnkāi	分开	fènkǎi	愤慨
kāifàng	开放	kùfáng	库房
kāifā	开发	kǎnfá	砍伐
kuángfēng	狂风	kèfú	克服

对比辨音

lǐhuà	理化	lǐfà	理发
kāihuāng	开荒	kāifāng	开方
kuānxīn	宽心	fānxīn	翻新
huàngdang	晃荡	fàngdàng	放荡
kāihuā	开花	kāifā	开发
hūnlǐ	婚礼	fēnlí	分离
huīyìng	辉映	fēiyīng	飞鹰

拼音练习一

一、拼读下列各音节，找出相应的词语，把代表答案的英文字母填在
括号内。

1.	jījīn	( )	A	发烧
2.	gēnjī	( )	B	脾气
3.	bóhuí	( )	C	启蒙
4.	zhèngjù	( )	D	根基
5.	fāshāo	( )	E	耻辱
6.	chǐrǔ	( )	F	驳回

7. píqi　　　(　　)　　　**G**　基金

8. qǐméng　(　　)　　　**H**　证据

二、拼读下列词语，把声母填在括号内。

1. 弹（　　）劲　　　　9. 紧（　　）缩

2. 竞（　　）争　　　　10. 悬（　　）殊

3. 超（　　）越　　　　11. 祭（　　）祀

4. 确（　　）实　　　　12. 循（　　）环

5. 勤（　　）奋　　　　13. 修（　　）订

6. 踏（　　）实　　　　14. 鞠（　　）躬

7. 刚强（　　）　　　　15. 提醒（　　）

8. 禁忌（　　）　　　　16. 仁慈（　　）

三、拼读下列各音节，并写出汉字。

1. Fójiào　　＿＿＿＿＿　　6. jìnjì　　＿＿＿＿＿

2. piányi　　＿＿＿＿＿　　7. rónghuà　＿＿＿＿＿

3. fánnǎo　　＿＿＿＿＿　　8. yǐnhuàn　＿＿＿＿＿

4. zhújiàn　＿＿＿＿＿　　9. jiànshè　＿＿＿＿＿

5. zhǔjué　　＿＿＿＿＿　　10. qīnglài　＿＿＿＿＿

韵母辨正

辨别前鼻音韵尾 –n 和后鼻音韵尾 –ng

　　广州话有三个鼻音韵尾：–m、–n、–ng。广州话 –m 韵尾的字，在普通话一律收 –n 韵尾。如"谭、林、今、三、音"等。

　　普通话有两类带鼻音韵尾，前鼻音 –n 和后鼻音 –ng，如"干"gān、"钢"gāng，"津"jīn、"京"jīng 要分得很清楚。

分辨 an-ang

ānkāng	安康	nánfāng	南方
fánmáng	繁忙	dāndāng	担当
fǎncháng	反常	shàncháng	擅长
kànghàn	抗旱	kàngzhàn	抗战
bàngwǎn	傍晚	fāng'àn	方案
dāngrán	当然	shānggǎn	伤感

分辨 en-eng

zhēnzhèng	真正	shénshèng	神圣
běnnéng	本能	rénchēng	人称
bēnténg	奔腾	rénshēng	人生
chéngzhèn	城镇	zhèngrén	证人
chéngfèn	成分	héngwēn	恒温
chéngrèn	承认	shěngfèn	省份

分辨 in-ing

xīnxīng	新兴	jìnxíng	进行
xīnqíng	心情	jìnlìng	禁令
jìnqíng	尽情	mínjǐng	民警
qīngxìn	轻信	língmǐn	灵敏
jīngxīn	精心	dìngxīn	定心
tīngxìn	听信	qǐngjìn	请进

分辨 uan-uang

guānguāng	观光	duānzhuāng	端庄
kuānguǎng	宽广	guānwàng	观望
wànzhuàng	万状	luànzhuàng	乱撞
zhuàngguān	壮观	huāngluàn	慌乱
kuánghuān	狂欢	guānghuán	光环
zhuāngsuàn	装蒜	shuāngguān	双关

对比辨音

kāifàng	开放	kāifàn	开饭
yìbān	一般	yìbāng	一帮
dānxīn	担心	dāngxīn	当心
zhěnzhì	诊治	zhěngzhì	整治
shēnshì	身世	shēngshì	声势
guāfēng	刮风	guāfēn	瓜分
chéngjiù	成就	chénjiù	陈旧
pínfán	频繁	píngfán	平凡
búxìn	不信	búxìng	不幸
hěn jìn	很近	hěn jìng	很静

tánqín	弹琴	tánqíng	谈情
chuán shang	船上	chuáng shang	床上
guāngmíng	光明	guānmíng	官名
zhuānchē	专车	zhuāngchē	装车
shǒuwàn	手腕	shǒuwàng	守望

◤ 防止丢失介音 -i、-u、-ü

广州话一般没有介音，所以广东人念有介音的音节时，往往有介音脱落或发音不够清晰的现象。

读准下列词语

1. -ia

zán liǎ	咱俩	jiātíng	家庭
wùjià	物价	qǐngjià	请假
dàxiā	大虾	qiàqiǎo	恰巧
shàngxià	上下	Xiàmén	厦门

2. -iao

biāozhǔn	标准	piàojià	票价
piāomiǎo	飘缈	diāoxiè	凋谢
tiāoxuǎn	挑选	fēiniǎo	飞鸟
liǎojiě	了解	jiāoxiǎo	娇小
qiǎomiào	巧妙	xiāotiáo	萧条

3. -ie

xiāomiè	消灭	biémíng	别名
niēzào	捏造	zuìniè	罪孽
qīngjié	清洁	rèliè	热烈
xiézhù	协助	jiějìn	解禁
qiāngxiè	枪械	qièzéi	窃贼

4. -iu

huāngmiù	荒谬	diūliǎn	丢脸
niǔzhuǎn	扭转	liúchuán	流传
liúliàn	留恋	dúliú	毒瘤
jiūzhèng	纠正	jiūjìng	究竟
qiújiào	求教	qiúzhǎng	酋长

5. -iang

yùnniàng	酝酿	xīnniáng	新娘
shànliáng	善良	liángshuǎng	凉爽
dòngliáng	栋梁	zhòngliàng	重量
cèliáng	测量	xiǎngliàng	响亮
jiǎngshǎng	奖赏	qiānqiǎng	牵强

6. -uo

duōshǎo	多少	tuōluò	脱落
nuòyán	诺言	zuòluò	座落

chóucuò	筹措	shōusuō	收缩
huózhuō	活捉	chuō pò	戳破
shuòguǒ	硕果	shòuruò	瘦弱

7. -ui

guīduì	归队	tuìhuí	退回
zuìkuí	罪魁	cuīhuǐ	摧毁
suìyuè	岁月	ruìxuě	瑞雪
guīlǜ	规律	cánkuì	惭愧
huìlù	贿赂	jiàohuì	教诲

8. -uang

zhuānghuáng	装潢	línchuáng	临床
shuāngquán	双全	háoshuǎng	豪爽
guǎngkuò	广阔	cūguǎng	粗犷
qíngkuàng	情况	kōngkuàng	空旷
kuánghuān	狂欢	huángchǔ	皇储

9. -üe

nüèdài	虐待	lüèduó	掠夺
cèlüè	策略	juē zuǐ	撅嘴
juédìng	决定	mìjué	秘诀
quēdiǎn	缺点	quèshí	确实
xuéxí	学习	pí xuē	皮靴

10. -üan

juānkuǎn	捐款	kùnjuàn	困倦
huàjuàn	画卷	huāquān	花圈
rénquán	人权	wánquán	完全
zhàiquàn	债券	quàngào	劝告
quánshù	拳术	quánzhù	诠注

拼音练习二

一、拼读下列词语，把韵母填在括号内。

1. 充（　　）分
2. 壮（　　）观
3. 慎（　　）重
4. 情（　　）景
5. 建（　　）筑
6. 生（　　）存
7. 保障（　　）
8. 发展（　　）
9. 咨询（　　）
10. 秉承（　　）
11. 沟通（　　）
12. 施政（　　）

二、拼读下列各音节，并写出汉字。

1. qiǎnzé ＿＿＿＿＿
2. xúnzhǎo ＿＿＿＿＿
3. xiàndài ＿＿＿＿＿
4. gàocí ＿＿＿＿＿
5. wēixié ＿＿＿＿＿
6. zhuīqiú ＿＿＿＿＿
7. rènao ＿＿＿＿＿
8. fǒurèn ＿＿＿＿＿
9. chénggōng ＿＿＿＿＿
10. yòuhuò ＿＿＿＿＿

三、写出下列句子的汉语拼音，注意韵母的正确拼法。

1. 总结过去，正是为了开创更美好的未来。

　＿＿＿＿＿＿＿＿＿＿＿＿＿＿＿＿＿＿＿＿＿

2. 有些作家誓言与政治绝缘，这又如何办得到？

　＿＿＿＿＿＿＿＿＿＿＿＿＿＿＿＿＿＿＿＿＿

3. 我们在漆黑如墨的河上又划了很久。

　　_____

4. 我母亲管束我最严。

　　_____

5. 偶尔电话里相遇，也无非是几句寻常话。

　　_____

6. 读一本好书，就是和许多高尚的人谈话。

　　_____

7. 昨天他们铺子的西红柿卖得很快，库存已经不多了。

　　_____

8. 两个同龄的年轻人同时受雇于一家店铺。

　　_____

9. 这些隐忧都可能影响这座城市长远的竞争力。

　　_____

10. 香港的优势在于扎根于自由经济体制和简单的税制。

　　_____

声调辨正

普通话声调和广州话声调有差异，普通话只有四声，即阴平、阳平、上声、去声，无入声字。广州话有九声，即阴平、阴上、阴去、阳平、阳上、阳去、阴入、中入、阳入。普通话有不少同音异调的词语，声调不同意义各异，所以一定要把四声掌握好。

四声顺序

huā hóng liǔ lǜ	花红柳绿
fēng tiáo yǔ shùn	风调雨顺
shān hé jǐn xiù	山河锦绣
tiān rán jǐng xiàng	天然景象
yīng xióng hǎo hàn	英雄好汉
sān guó dǐng lì	三国鼎立
shēn qiáng tǐ jiàn	身强体健
jīng shén bǎi bèi	精神百倍
yīn yáng shǎng qù	阴阳上去
gāo yáng zhuǎn jiàng	高扬转降

四声逆序

dà hǎo hé shàn	大好河山
lǜ cǎo rú yīn	绿草如茵
nì shuǐ xíng zhōu	逆水行舟
sì hǎi wéi jiā	四海为家
shì sǐ rú guī	视死如归

jù shǎo chéng duō	聚少成多
wàn gǔ cháng qīng	万古长青
yào wǔ yáng wēi	耀武扬威
tòng gǎi qián fēi	痛改前非
xìn yǐ wéi zhēn	信以为真

▶ 四字同调

jiāng shān duō jiāo	江山多娇
huā xiāng fēn fāng	花香芬芳
zhēn xī qīng chūn	珍惜青春
xī xī xiāng guān	息息相关
huá qiáo qín láo	华侨勤劳
wéi chí hé píng	维持和平
xué xí nián líng	学习年龄
yán gé zhí xíng	严格执行
yuǎn jǐng měi hǎo	远景美好
gǔ dǒng zhǎn lǎn	古董展览
xuǎn jǔ zǒng tǒng	选举总统
lǐng dǎo yǎn jiǎng	领导演讲
yùn dòng dà huì	运动大会
chuàng zào jì lù	创造纪录
shè huì zhì dù	社会制度
jiào yù zhèng cè	教育政策

▶ 两调重迭

fēng yī zú shí	丰衣足食
xū xīn xué xí	虚心学习
xīn xīn kǔ kǔ	辛辛苦苦
huān xīn gǔ wǔ	欢欣鼓舞

pī xīng dài yuè	披星戴月
fān tiān fù dì	翻天覆地
ér tóng zhuān chē	儿童专车
zú qiú fēng bō	足球风波
shí ná jiǔ wěn	十拿九稳
wú dú yǒu ǒu	无独有偶
xuán yá qiào bì	悬崖峭壁
lín lí jìn zhì	淋漓尽致
yuǎn zǒu gāo fēi	远走高飞
wǔ gǔ fēng dēng	五谷丰登
měi hǎo qián tú	美好前途
xiǎo qiǎo líng lóng	小巧玲珑
xuě lǐ sòng tàn	雪里送炭
dǎ tiě chèn rè	打铁趁热
wàn xiàng gēng xīn	万象更新
yì qì fēng fā	意气风发
yì bù róng cí	义不容辞
lì dà wú qióng	力大无穷
xiàn zài biǎo yǎn	现在表演
jì shù zhǐ dǎo	技术指导

阴平和去声

zhuāng qiāng zuò shì	装腔作势
dāng jī lì duàn	当机立断
tuī xīn zhì fù	推心置腹
mò nì zhī jiāo	莫逆之交
kāng zhuāng dà dào	康庄大道
qì xiàng wàn qiān	气象万千
guī xīn sì jiàn	归心似箭
chù mù jīng xīn	触目惊心

jīng tāo hài làng　　惊涛骇浪

xū zhāng shēng shì　　虚张声势

fèi jìn xīn jī　　费尽心机

cū xīn dà yì　　粗心大意

jiān shōu bìng xù　　兼收并蓄

gāo shēn mò cè　　高深莫测

lì lìng zhì hūn　　利令智昏

阳平和上声

shí quán shí měi　　十全十美

wáng yáng bǔ láo　　亡羊补牢

yǐ lǐ fú rén　　以理服人

yǐ é chuán é　　以讹传讹

shǒu wǔ zú dǎo　　手舞足蹈

lǎo mǎ shí tú　　老马识途

yǒu kǒu nán yán　　有口难言

rú yú dé shuǐ　　如鱼得水

lěng yán lěng yǔ　　冷言冷语

yóu tóu huá nǎo　　油头滑脑

juǎn tǔ chóng lái　　卷土重来

qǔ cháng bǔ duǎn　　取长补短

hǔ tóu shé wěi　　虎头蛇尾

kǎn kǎn ér tán　　侃侃而谈

hú qún gǒu dǎng　　狐群狗党

jiǒng jiǒng yǒu shén　　炯炯有神

gǒu yán cán chuǎn　　苟延残喘

pǐn tóu píng zú　　品头评足

chóng zhěng qí gǔ　　重整旗鼓

yǎ kǒu wú yán　　哑口无言

其他

dǐng tiān lì dì	顶天立地
tuī chén chū xīn	推陈出新
xuě zhōng sòng tàn	雪中送炭
zé wú páng dài	责无旁贷
néng qū néng shēn	能屈能伸
wú xiè kě jī	无懈可击
cāng hǎi yí sù	沧海一粟
huì rén bú juàn	诲人不倦
wàn gǔ cháng cún	万古长存
shí shì qiú shì	实事求是
kāng kǎi jiě náng	慷慨解囊
jīng míng qiáng gàn	精明强干
huān tiān xǐ dì	欢天喜地
chéng yī jǐng bǎi	惩一儆百
tiě miàn wú sī	铁面无私
bīn zhì rú guī	宾至如归
jīng yì qiú jīng	精益求精
mǎn zài ér guī	满载而归
xún xù jiàn jìn	循序渐进

拼音练习三

拼读下列词语并标出声调。

( )		( )
1. 刻苦耐劳	7.	温室效应

( )		( )
2. 自强不息	8.	刻不容缓

	（　　　　　　）		（　　　　　　）
3.	弄虚作假	9.	束手无策

	（　　　　　　）		（　　　　　　）
4.	多姿多彩	10.	潜移默化

	（　　　　　　）		（　　　　　　）
5.	冰天雪地	11.	濒临灭绝

	（　　　　　　）		（　　　　　　）
6.	仁义礼智	12.	自强不息

二、仔细聆听老师朗读下列句子，写出**粗体**部分词语的拼音。

1. 香港的**优势**在于扎根于自由**经济**体制、**简单**的税制。
（　　　　）　　　（　　　　）（　　　　）

2. 中国**无疑**是亚洲**历史**舞台的**主角**。
（　　　　）（　　　　）（　　　　）

3. **随着**丝路的开通，**物质**文明的**交换**日益频繁。
（　　　　）　　　（　　　　）（　　　　）

4. 站在历史的枝头微笑，可以**减免**许多**烦恼**。
（　　　　）（　　　　）（　　　　）

5. **人们**不会**忘记**参与**改革**的智者能仁们。
（　　　　）（　　　　）（　　　　）

三、写出下列句子的汉语拼音，要求按正词法正确拼写。

1. 友情也好，爱情也好，久而久之都会转化为亲情。

2. 世界杯怎么会有如此巨大的吸引力？

3. 房地产市场的泡沫伴随着经济的发展。

   _____

4. 西部地区是华夏文明的重要发源地。

   _____

5. 在文艺复兴之前，中国的四大发明已经陆续传入欧洲。

   _____

6. 眼前的土地看上去好像和以前不一样。

   _____

四

变调

在语流中，每个音节的声调由于受到前后音节声调的影响，会产生一些细微的变化，这些变化是自然产生的，调值的变化并不明显。但有的声调调值的变化则比较明显，这种有规律的明显的变化就叫变调，普通话的变调主要有上声的变调和"一、不"的变调。

"上声"变调

上声出现在词语末尾或单念时，声调不变，读"全上"，调值是214。上声出现在阴平、阳平、去声的前面时，只降不升，读"半上"，调值是211。两个上声的音节连读时，前面的音节读得像阳平，读作"直上"，调值接近35。变调的上声在书写时仍标上声的符号。

"全上"练习

阴平 + 上声

| fāngfǎ | 方法 | xīnshǎng | 欣赏 | shēntǐ | 身休 |

阳平 + 上声

| mínzhǔ | 民主 | chuántǒng | 传统 | rúguǒ | 如果 |

去声 + 上声

| bìngqiě | 并且 | dìlǐ | 地理 | lìshǐ | 历史 |

"半上"练习

上声 + 阴平

| lǎoshī | 老师 | mǎi shū | 买书 | Běijīng | 北京 |

上声＋阳平

zǔguó　　祖国　　kěnéng　　可能　　lǚxíng　　旅行

上声＋去声

kěshì　　可是　　yǐhòu　　以后　　měilì　　美丽

"直上" 练习

上声＋上声

zǒngtǒng	总统	zǒnglǐ	总理	lǐngdǎo	领导
měihǎo	美好	lǐxiǎng	理想	yǒngyuǎn	永远
kěyǐ	可以	wǎngwǎng	往往	yǔnxǔ	允许
gǔlǎo	古老	guǎngchǎng	广场	biǎoyǎn	表演
chǎngzhǎng	厂长	bǎoshǒu	保守	jiǎntǎo	检讨
zǎowǎn	早晚	dǎdǎo	打倒	lǎohǔ	老虎

三音节上声练习

"三字一体"一般读作"直上"、"直上"和"全上",如:

举手礼 jǔshǒulǐ　　→　　／　／　∨

演讲稿 yǎnjiǎnggǎo　→　　／　／　∨

"三字分"一般读作"直上"、"直上"和"全上";如果逻辑重音在第一个音节上,就读作"半上"、"直上"和"全上",如:

我也有 wǒ yě yǒu　　→　　／　／　∨　　或者　∨　／　∨

也很好 yě hěn hǎo　　→　　／　／　∨　　或者　∨　／　∨

"2+1"的组合读作"直上"、"直上"和"全上",如:

可以取 kěyǐ qǔ　　　→　　／　／　∨

品种好 pǐnzhǒng hǎo →　　／　／　∨

"1+2"的组合，一般情况逻辑重音在第一个音节上，所以读作"半上"、"直上"和"全上"；如果读得很快，中间没有停顿，就读成"直上"、"直上"和"全上"，如：

有理想 yǒu lǐxiǎng　→　⌣　／　✓　或者　／　／　✓
买手表 mǎi shǒubiǎo →　⌣　／　✓　或者　／　／　✓

变调后如果词义改变，第一个音节就应读作"半上"，试比较：

李小姐 Lǐ xiǎojiě　　→　　　⌣　／　✓
黎小姐 Lí xiǎojiě　　→　　　／　／　✓

柳组长 Liǔ zǔzhǎng　→　　　⌣　／　✓
刘组长 Liú zǔzhǎng　→　　　／　／　✓

伍老板 Wǔ lǎobǎn　　→　　　⌣　／　✓
吴老板 Wú lǎobǎn　　→　　　／　／　✓

三个音节以上的上声字连读，按语意划分单位，依照变调规律来读，如：

(1)　我也有　两把　雨伞。
　　　Wǒ yě yǒu liǎng bǎ yǔsǎn. →
　　　Wó yé yǒu liáng bǎ yúsǎn.

(2)　李小姐　有　好手表。
　　　Lǐ xiǎojie yǒu hǎo shǒubiǎo. →
　　　Lǐ xiáojie yóu hǎo shóubiǎo.

◤ "一、不"变调

　　"一、不"单念或出现在词语末尾时读本调，"一"念阴平，"不"念去声。"一、不"出现在去声或轻声前，都念阳平；出现在阴平、阳平、上声前，都念去声，如：

读本调	一	第一	统一	始终如一

"不，我偏不！"

"谁敢说个'不'字！"

读阳平	一个	一块糖	一切	一致
	不必	不便	不断	不错

读去声	一杯茶	一条心	一本书	
	不多	不行	不好	

1. "一"的变调练习

yìbān	一般	yíbàn	一半
yìbiān	一边	yídài	一带
yìkǒu	一口	yídìng	一定
yìlián	一连	yígòng	一共
yìqí	一齐	yíguàn	一贯
yìqǐ	一起	yíkè	一刻
yìshēng	一生	yílù	一路
yìshǒu	一手	yílǜ	一律
yìtiān	一天	yímiàn	一面
yìtóng	一同	yíqiè	一切
yìtóu	一头	yíshì	一事
yìtǒng	一统	yíshùn	一瞬

2. "不"的变调练习

bù'ān	不安	búbì	不必
bùcéng	不曾	búcè	不测
bùchéng	不成	búbiàn	不便
bùchǐ	不齿	búcuò	不错
bùděng	不等	búdàn	不但
bùfá	不乏	búdìng	不定
bùgān	不甘	búduì	不对

bùgōng	不公	búgù	不顾
bùgǒu	不苟	búgòu	不够
bùguǎn	不管	búguò	不过
bùjí	不及	bújiàn	不见
bùjiǔ	不久	búqù	不去

3. "一" 在迭用动词中间念轻声，如：

听一听	看一看	尝一尝	想一想
试一试	查一查	闻一闻	舔一舔

4. "不" 夹在词语当中念轻声，如：

好不好	多不多	红不红	白不白
来不来	去不去	要不要	走不走
拿不动	去不成	吃不了	喝不下

拼音练习四

一、朗读下列句子，圈出 "上声" 变调的字词。

1. 把树架在大楼上面，仿佛它原本是长在楼顶上似的。
2. 香港从一个不起眼的弹丸之地，发展成为今日的金融中心。
3. 每个人都有可能成为犯罪嫌疑。
4. 中国的经济体制已经由计划经济发展成有中国特色的社会主义经济。
5. 我们的社会应普及正确的法律意识，改变只用道德审判的习惯。
6. 从心灵深处和精神层面，找回飘远了的传统与梦想。
7. 哥伦布等航海家的航船上没有罗盘针作向导，他们的探险旅程要想取得成功，恐怕是很难想象的。
8. 人类在经过两次世界大战后，又再次把目光转向东方。
9. 今早集市上只有一个农民拉了一车土豆在卖。
10. 我一生可算是不曾享受过儿童游戏的生活。

二、判断下列句子中"一"、"不"需要变调的部分，并标出实际的声调。

　　1. 我母亲待人是最仁慈温和的，从来没说过一句伤人感情的话。

　　2. 从幼年到成人一步一步向着人间的美好境界前行。

　　3. 人的一生只能经历自己拥有的那一份欣悦，那一份苦难。

　　4. 在退休和医疗保障方面却还不如北京、上海等内地一线城市。

　　5. 另外一些人因为一无所得而只好扫兴而去。

　　6. 天下起了倾盆大雨，并且一下就是三天三夜。

　　7. 矛盾了很长一段时间，莱伊恩终于想出了一条妙计。

　　8. 社会上出现了一些不和谐、不平等的现象。

　　9. 许多环保人士提出各种不同类型的改善方法。

　10. 散落在田间、路边及草丛中的塑料餐盒，一旦被牲畜吞食，

　　　就会危及健康甚至导致死亡。

五

轻声

普通话中，除了四声之外，有的字读起来又轻又短，整个音节弱化，声调模糊，形成轻声。《汉语拼音方案》规定，轻声不标调号。

怎么读轻声

在阴平后的轻声字读半低调 ┃-2，如：

yīfu	衣服	qīngchu	清楚	fāngbian	方便
qīnqi	亲戚	jīhui	机会	xiūxi	休息

在阳平后的轻声字读中调 ┃-3，如：

róngyi	容易	míngbai	明白	xíngli	行李
xuésheng	学生	piányi	便宜	péngyou	朋友

在上声后的轻声字读半高 ┣ˉ4，如：

zǎoshang	早上	wǎnshang	晚上	qǐlai	起来
dǎban	打扮	xǐhuan	喜欢	nuǎnhuo	暖和

在去声后的轻声字读低调 ┃.1，如：

dàfang	大方	piàoliang	漂亮	dìfang	地方
rènshi	认识	lìxi	利息	lìhai	厉害

常用轻声词练习

词尾念轻声

子：　fángzi　　　房子　　　wūzi　　　屋子　　　zhuōzi　　　桌子
　　　yǐzi　　　　椅子　　　pàngzi　　胖子　　　shòuzi　　　瘦子

们：　wǒmen　　　我们　　　nǐmen　　　你们　　　tāmen　　　他们
　　　rénmen　　　人们　　　zánmen　　咱们　　　tóngxuémen　同学们

头：　shítou　　　石头　　　shétou　　　舌头　　　lǐtou　　　里头
　　　wàitou　　　外头　　　mǎtou　　　码头　　　quántou　　拳头

巴：　zuǐba　　　　嘴巴　　　wěiba　　　尾巴　　　níba　　　泥巴

么：　zěnme　　　　怎么　　　zhème　　　这么　　　nàme　　　那么

结构助词念轻声

的：　wǒ de　　　　我的　　　nǐ de　　　你的
　　　tā de　　　　他的　　　hǎo de　　　好的
　　　huài de　　　坏的　　　duō de　　　多的

地：　hǎohāor de　　好好儿地　　mànmānr de　　慢慢儿地
　　　qīngqīngr de　轻轻儿地　　yuǎnyuānr de　远远儿地
　　　kuàikuāir de　快快儿地　　qiāoqiāor de　悄悄儿地

得：　shuō de hǎo　说得好　　　xiě de hǎo　　写得好
　　　chī de xià　　吃得下　　　kàn de yuǎn　看得远
　　　tīng de jiàn　听得见　　　pǎo de kuài　跑得快

时态助词念轻声

着：　názhe　　　　拿着　　　tízhe　　　提着　　　chīzhe　　　吃着
　　　chuānzhe　　穿着　　　dàizhe　　戴着　　　hēzhe　　　喝着

了：　zǒule　　　　走了　　　pǎole　　　跑了　　　liūle　　　溜了
　　　rēngle　　　扔了　　　dǎole　　　倒了　　　wánle　　　完了

过：　qùguo　　　　去过　　　kànguo　　看过　　　chángguo　尝过
　　　jiànguo　　　见过　　　chīguo　　吃过　　　wánrguo　　玩儿过

趋向补语读轻声

ná jinqu	拿进去	zǒu chulai	走出来
pǎo shanglai	跑上来	shōu qilai	收起来
rēng chuqu	扔出去	lā qilai	拉起来

语气助词读轻声

| 啊 a | 呀 ya | 哇 wa | 哪 na |
| 吗 ma | 吧 ba | 嘛 ma | 呢 ne |

称谓重迭，第二个音节读轻声

yéye	爷爷	nǎinai	奶奶	bàba	爸爸
māma	妈妈	shūshu	叔叔	bóbo	伯伯
gūgu	姑姑	jiùjiu	舅舅	gēge	哥哥
jiějie	姐姐	dìdi	弟弟	mèimei	妹妹

动词重迭，第二个音节读轻声

kànkan	看看	qiáoqiao	瞧瞧	chángchang	尝尝
tīngting	听听	shìshi	试试	wénwen	闻闻
xiūxiu	修修	lāla	拉拉	nána	拿拿
liángliang	量量	chácha	查查	fānfan	翻翻

方位词

| zhuōshang | 桌上 | dōngbian | 东边 | wūli | 屋里 |
| dǐxia | 底下 | qiánbian | 前边 | wàitou | 外头 |

◤ 轻声词表

表1：有辨别词性、词义作用的轻声词

爱人：恋爱中男女的一方，内地指丈夫或妻子。读原调是让人喜爱的
意思。

八哥：鸟名。读原调是排行第八的哥哥。

霸道：利害；猛烈。读原调是强横不讲理的意思。

摆设：名词。读原调是动词。

褒贬：批评、指责。读原调是评论好坏的意思。

本事：本领。读原调是故事情节的意思。

避讳：不愿听到或说出不吉利的话。读原调是指古代人们不直接说出
　　　或写出君主和长辈的名字。

别人：自己或某人以外的人。读原调是指另外的人。

裁缝：名词。读原调是动词。

差使：名词。读原调是动词。

大人：成人；古代的官长。读原调是称呼长辈。

大意：疏忽；不注意。读原调是指主要意思。

德行：讥讽的话，意思和"缺德"差不多。读原调是道德、品行的意
　　　思。

滴答：成滴地落下。读原调是象声词。

地道：真正、纯粹、实在、够标准、真正名产地出产。读原调是指在
　　　地下掘成的道路。

地方：指空间的一部分；部分。读原调是指跟中央相对的省以下各级
　　　行政区。

地下：地面上。读原调是指隐蔽的活动；地面之下。

东西：泛指各种事物；特指人或动物。读原调是方向的意思。

端详：仔细地看。读原调是指详情；端庄安详的意思。

对头：仇敌；对手。读原调是正确、合适、正常的意思。

多少：疑问代词。读原调是指数量或多或少；稍微的意思。

耳塞：耳垢。读原调是指小型受话器；游泳时佩戴的耳塞子。

发送：办丧事。读原调是指发送信件、发射信号。

反正：副词。读原调是指敌方人员投到我方来。

方丈：寺院的住持。读原调是指平方丈；一丈见方。

废物：骂人没有用。读原调是指失去原有使用价值的东西。

嘎巴：粘的东西干后附在器物上。读原调是象声词，形容树枝折断的
　　　声音。

干事： 名词。读原调是动词。

隔断： 把一间屋子隔成几间的遮挡的东西。读原调是"阻"的意思。

工夫： 占用的时间；空闲时间。读原调是旧指临时雇用的工。

公道： 形容词。读原调是名词。

故事： 连贯性的事情；情节。读原调"奉行故事"，是指按老规矩敷
        衍办事。

灌肠： 一种小吃。读原调是指一种医疗措施。

过去： 趋向动词。读原调是时间词，表示以前。

合计： 盘算；商量。读原调是指合在一起计算。

呼噜： 睡觉时发出的粗重的呼吸声。读原调是象声词。

忽闪： 闪动。读原调是形容闪光。

花费： 名词。读原调是动词。

滑溜： 光滑。读原调是指一种烹调方法。

活路： 泛指各种体力劳动。读原调是指能够生存下去的办法。

精神： 精力旺盛；活跃。读原调是指人的思维活动、意识和一般心理
        状态；还指文件、讲话的主要意思。

开发： 支付。读原调是开拓的意思。

开通： 不守旧。读原调是指风气、思想不闭塞的意思。

口袋： 装东西的用具。读原调是指衣兜。

口音： 说话的声音。读原调是指与鼻音相对的语音学名词。

拉手： 安装在门窗或抽屉上便于用手开关的物件。读原调是握手的意
        思。

来路： 来历。读原调是指向这里来的道路或来源。

来往： 交际往来。读原调是来和去的意思。

老公： 太监。读原调是指丈夫。

老娘： 收生婆；外祖母；已婚中年或老年妇女的自称。读原调是指老
        母亲。

冷战： 身体突然发抖。读原调是指不使用武器的斗争。

利害： 难以对付或忍受；剧烈；凶猛。读原调是指利益和损害。

买卖： 名词。读原调是动词。

眉目： 事情的头绪。读原调是指人的容貌；文章的条理。

门道：门路。读原调是指门洞儿。

男人：丈夫。读原调是指男性成年人。

难处：困难。读原调是说不容易相处。

女人：妻子。读原调是指女性成年人。

盘缠：路费。读原调是盘绕的意思。

飘洒：形容词。读原调是动词。

扑腾：跳动。读原调是象声词，形容重物落地的声音。

铺盖：褥子和被子。读原调是指平铺着盖。

起火：花炮。读原调是指发生火警；生火做饭。

人家：别人；某个人或某些人；自己。读原调是指住户。

人性：人的个性；人的情感理性。读原调是指人的本性。

丧气：倒霉。读原调是不顺心的意思。

上头：上面。读原调是指女子出嫁梳发髻的意思。

生意：买卖。读原调是指生机。

实在：形容词。读原调是副词。

世故：圆滑，不得罪人。读原调是指处世经验。

斯文：文雅。读原调是指文化或文人。

特务：从事刺探情报、颠覆、破坏等活动的人。军队中的“特务员”、“特务连”则读原调。

土地：迷信传说中的土地爷。读原调是指田地；疆域。

外道：礼节过多反而显得疏远。佛教用语的“外道”则读原调。

媳妇儿：已婚的年轻妇女。读原调是指儿子的或晚辈亲属的妻子。

下水：食用的牲畜内脏。读原调是指进入水中；向下游航行；比喻做坏事等。

想法：名词。读原调是动词。

小月：流产的通称。历法中的“小月”则读原调。

刑法：古代对犯人的体罚。读原调是法律的意思。

兄弟：弟弟。读原调是指哥哥和弟弟。

烟火：燃放时能发出各种颜色的火花而供观赏的东西。读原调是指烟和火。

用人：仆人。读原调是指选择、使用人员。

运动：为达到目的而四处活动。政治运动、体育运动等读原调。

运气：命运。读原调是指把气贯注到身体的一个地方。

丈夫：男女两人结婚后，男子是女子的丈夫。读原调是成年男子的意思。

丈人：岳父。读原调是古代对老年男子的尊称。

照应：照料。读原调是配合、呼应的意思。

针眼：生在眼皮毛睫间的小疙瘩。读原调是指被针所刺的孔。

自然：不局促、不呆板。读原调指自然界；理所当然。

自在：安闲舒适。读原调是不受拘束的意思。

琢磨：思考。雕刻、打磨玉石则读原调。

表 2：规则的轻声词

熬头儿	奔头儿	锄头	搭头	斧头	跟头
骨头	罐头	后头	来头	浪头	里头
龙头	笼头	码头	馒头	苗头	木头
盼头	前头	拳头	舌头	石头	说头儿
甜头	外头	下头	想头	行头	丫头
芋头	兆头	枕头	指头	赚头	准头
记得	觉得	亏得	来得	懒得	了得
落得	免得	认得	舍得	省得	使得
晓得	晓得	值得	哥儿们	你们	人们
它们	他们	她们	我们	爷儿们	咱们
跟着	接着	紧着	来着	为着	向着
有着	多么	那么	什么	要么	怎么
这么	府上	皇上	路上	身上	晚上
早上	干巴	结巴	尾巴	下巴	嘴巴
哪里	那里	心里	夜里	这里	罢了
为了					

表3："子"后缀的轻声词

鞍子	案子	靶子	班子	板子	梆子
棒子	包子	豹子	杯子	辈子	被子
本子	鼻子	鞭子	辫子	嫔子	饼子
脖子	步子	簿子	叉子	岔子	铲子
肠子	厂子	车子	橙子	蛏子	匙子
池子	虫子	窗子	锤子	村子	呆子
带子	袋子	单子	掸子	胆子	担子
蛋子	刀子	稻子	凳子	笛子	底子
点子	垫子	调子	碟子	钉子	洞子
兜子	豆子	肚子	缎子	对子	墩子
蛾子	儿子	筏子	法子	贩子	方子
房子	妃子	痱子	份子	疯子	缝子
斧子	盖子	杆子	竿子	缸子	稿子
鸽子	格子	个子	根子	弓子	钩子
骨子	谷子	褂子	拐子	冠子	管子
馆子	罐子	鬼子	柜子	棍子	锅子
果子	孩子	汉子	耗子	盒子	猴子
集子	夹子	架子	尖子	剪子	腱子
饺子	轿子	金子	镜子	橘子	句子
卷子	空子	口子	扣子	裤子	筷子
款子	筐子	框子	辣子	篮子	廊子
老子	李子	粒子	栗子	例子	帘子
链子	料子	林子	领子	瘤子	聋子
笼子	炉子	路子	乱子	轮子	骡子
麻子	码子	麦子	帽子	面子	模子
脑子	耙子	拍子	牌子	盘子	胖子
袍子	喷子	盆子	棚子	坯子	皮子
片子	骗子	票子	瓶子	谱子	铺子
妻子	旗子	钳子	茄子	曲子	瘸子
圈子	裙子	瓢子	日子	褥子	嗓子

嫂子	沙子	傻子	筛子	扇子	勺子
哨子	身子	婶子	绳子	狮子	虱子
柿子	瘦子	梳子	刷子	穗子	孙子
榫子	梭子	台子	瘫子	摊子	坛子
毯子	探子	桃子	套子	梯子	挑子
条子	亭子	筒子	头子	秃子	团子
腿子	娃子	袜子	弯子	丸子	腕子
网子	帷子	蚊子	屋子	席子	瞎子
匣子	弦子	箱子	小子	蝎子	芯子
杏子	性子	袖子	靴子	鸭子	燕子
样子	腰子	叶子	椅子	银子	引子
蝇子	影子	釉子	园子	院子	月子
崽子	簪子	凿子	枣子	毡子	獐子
帐子	招子	罩子	折子	褶子	榛子
侄子	种子	肘子	珠子	主子	柱子
爪子	桩子	锥子	坠子	桌子	镯子
粽子	嘴子	座子			

表 4：不规则的轻声词

巴结	巴掌	把势	白净	帮手	棒槌
包袱	报酬	比方	比画	比量	比试
扁担	便当	别扭	槟榔	拨弄	播弄
薄荷	簸箕	补丁	部分	苍蝇	茶食
差事	柴火	搀和	长虫	称呼	尺寸
抽屉	畜生	窗户	炊帚	慈菇	刺猬
伺候	凑合	粗实	撮合	错处	答理
答应	打扮	打发	打量	打手	打算
打听	大方	大爷	大夫	大王	耽搁
耽误	叨唠	道理	道人	道士	灯笼
滴水	提防	嘀咕	底下	弟兄	点拨
点心	顶针	东家	东西	动静	动弹

兜肚	斗篷	抖搂	豆腐	逗弄	都督
嘟噜	对付	队伍	哆嗦	恶心	耳朵
肥实	费用	分寸	风头	风筝	奉承
佛爷	扶手	福分	福气	服侍	富余
妇道	甘蔗	干事	高粱	膏药	告示
告诉	疙瘩	胳臂	胳膊	格式	屹蚤
工钱	功夫	恭维	公家	勾搭	姑夫
姑父	姑娘	姑爷	骨殖	寡妇	怪物
官司	棺材	逛荡	规矩	闺女	锅饼
哈欠	害处	憨厚	含糊	行当	行家
行市	好处	核桃	合同	和气	和尚
厚道	厚实	胡琴	胡涂	葫芦	狐狸
护士	坏处	黄瓜	皇历	晃荡	活计
活泼	火候	伙计	祸害	唧咕	机灵
饥荒	脊梁	记号	记性	忌妒	家伙
嫁妆	价钱	架势	煎饼	奸细	见识
将就	讲究	糨糊	交情	搅混	搅和
叫唤	结实	街坊	节气	姐夫	戒指
芥末	近便	近乎	酒钱	救应	舅母
绝户	考究	磕打	咳嗽	客气	窟窿
快当	快活	宽绰	狂气	亏空	困难
阔气	喇叭	喇嘛	烂糊	捞摸	唠叨
老婆	老实	老爷	累赘	冷清	篱笆
里脊	利落	利钱	利索	痢疾	力量
力气	莲蓬	凉快	粮食	亮堂	菱角
灵便	溜达	露水	乱腾	萝卜	骆驼
麻烦	麻利	马虎	蚂蚱	冒失	媒人
玫瑰	眉毛	妹夫	门路	门面	眯缝
迷糊	米汤	密实	棉花	面筋	明白
名气	名堂	名字	磨蹭	蘑菇	模糊
牡丹	木匠	木犀	苜蓿	哪个	那个

难为	脑袋	闹哄	闹腾	能耐	腻烦
粘糊	年月	娘家	扭搭	奴才	女婿
暖和	疟疾	挪动	拍打	牌楼	盘费
盘算	炮仗	配搭儿	朋友	披散	脾气
皮匠	屁股	便宜	飘悠	漂亮	贫气
平正	婆家	扑闪	欺负	漆匠	气数
气性	千斤	蹊跷	俏皮	勤快	清楚
清亮	情形	亲家	全乎	髯口	染坊
嚷嚷	热乎	热火	热闹	认识	任务
揉搓	软和	洒脱	扫帚	山药	晌午
烧饼	烧卖	芍药	少爷	身分	神甫
生日	牲口	师父	师傅	尸首	石匠
石榴	时辰	时候	使唤	事情	势利
收成	收拾	首饰	寿数	疏忽	叔伯
舒服	书记	熟识	数落	属相	摔打
爽快	水灵	顺当	说合	说和	思量
私房	俗气	算计	岁数	塌实	胎气
抬举	态度	梯己	添补	笤帚	铁匠
铜匠	头发	妥当	唾沫	瓦匠	外甥
王八	王爷	委屈	味道	位置	稳当
窝囊	窝棚	锡匠	希罕	喜欢	喜鹊
细挑	虾米	吓唬	先生	险乎	乡下
想法	响动	相公	相声	消息	小姐
小气	小水	笑话	歇息	鞋匠	薪水
心思	腥气	行李	休息	秀才	秀气
玄乎	学生	学问	丫鬟	衙门	衙役
哑巴	烟筒	胭脂	颜色	阎王	眼睛
砚台	央告	秧歌	痒痒	养活	妖精
吆喝	钥匙	衣服	衣裳	姨夫	意思
益处	义气	印色	应酬	硬朗	用处
佣钱	犹疑	油水	冤家	冤枉	约莫

月饼	月亮	月钱	云彩	匀和	杂碎
再不	在乎	早晨	造化	扎实	栅栏
疟腮	张罗	丈母	帐篷	招呼	招牌
折腾	这个	针脚	针线	芝麻	支使
知识	指甲	指望	主意	装裹	庄家
庄稼	壮实	状元	字号	租钱	祖宗
作坊	作料				

表 5：可读轻声或可不读轻声的轻声词

拌和	本钱	玻璃	残疾	茶钱	聪明
出息	打磨	当铺	得罪	底细	定钱
吩咐	分量	风水	夫人	父亲	蛤蜊
勾当	关系	蛤蟆	荷包	横竖	喉咙
滑稽	馄饨	活动	伙食	机会	蒺藜
忌讳	家具	缰绳	骄气	娇气	开销
看见	犒劳	客人	口气	老鼠	肋条
琉璃	喽啰	逻辑	埋伏	毛病	梦见
腼腆	母亲	内人	泥鳅	碰见	佩服
陪客	琵琶	枇杷	葡萄	敲打	瞧见
亲戚	亲事	傻气	商量	势力	手巾
算盘	孙女	体谅	体面	替换	挑剔
跳蚤	听见	痛快	土气	徒弟	蜈蚣
新鲜	心事	修行	洋气	摇晃	腰身
夜叉	意见	已经	因为	樱桃	鹦哥
应付	遇见	愿意	鸳鸯	匀称	糟蹋
照顾	折磨	支撑	支吾	知道	侄女
志气	嘱咐	酌量			

制订说明

1. 本词表节选自施仲谋《轻声词和轻声词教学》一文，见《语言教学与研究》，北京大学出版社，2005 年。

2. 本词表共收录双音节轻声词945个，计表1为91个，表2为91个，表3为281个，表4为482个。表5不计算。

3. 收录的轻声词，采取较严格的标准，方言、不常用的词语尽量不收。

4. 各表所收轻声词，除表2外，都以汉语拼音为序。

5. 表1为有辨别词性、词义作用的轻声词。一般先注明词性或略加释义，并指出读原调时的词性或词义。

6. 表2为规则的轻声词。由于本词表只收录双音节轻声词，并尽量控制收词数量，故结构助词（如"的"、"地"、"得"等）、时态助词（如"着"、"了"、"过"等）、趋向补语、语气助词、重迭称谓、重迭动词等，都不一一列举出来。

7. 表3为"子"后缀的轻声词。由于规则的轻声词中，"子"后缀的轻声词数量较多，故独立为一表。

8. 表4为不规则的轻声词。

9. 表5为可读轻声或可不读轻声的轻声词。这102个词，由于读轻声并不起辨义作用，故建议读原调。

拼音练习五

一、拼读下列各音节，找出相应的词语，把代表答案的英文字母填在括号内。

1. lǎoshi   （   ）   A 主义
2. lǎoshī   （   ）   B 梳洗
3. shúxi   （   ）   C 注意
4. shūxǐ   （   ）   D 熟悉
5. shìqing   （   ）   E 老师
6. shíqíng   （   ）   F 事情
7. zhùyi   （   ）   G 老实
8. zhǔyì   （   ）   H 实情

二、把下列读作轻声的字圈出来。

1. 书籍可以大量发行，思想流播容易。
2. 80 年代农村的土地承包制度，到后来的菜篮子工程。
3. 他的辩护律师也不应当承担这项义务。
4. 三百多年过去了，这个秘密始终没有被人发现。
5. 不过这些柱子并未与天花板接触，只不过是装装样子。

三、拼读下列音节，依拼音写出句子。

1. Suǒyǐ jiāxiāng lǎobèi dōu shuō wǒ "xiàng gè xiān sheng yàngzi"。

_____

2. Tā děngdào dì-èr tiān zǎochén wǒ shuìxǐng shí cái jiàoxun wǒ。

_____

3. Xiāoxi chuánchū hòu，shìjiè gèguó de jiànzhushī hé yóukè yúnjí。

_____

4. Xiānggǎng'rén de xīnxuè zīyǎng zhe zhè kē cuǐcàn de dōngfāng míngzhū。

_____

5. Huáxià zǔxiān de jiǎobù shì shùnzhe shuǐbiān zǒu de。

_____

六

儿化

儿化是在一个音节的末尾加上一个卷舌的动作，使这个音节的韵母具有卷舌音的现象。《汉语拼音方案》规定在韵母后加 r 表示儿化，汉字写成"儿"。如："玩儿"写成 wánr，"花儿"写成 huār，"头儿"写成 tóur。韵母儿化后读音会发生一些变化，但以容易卷舌为原则。

◤ 怎么读儿化韵

韵母 a，o，e，i，u，ü 后加 r

	写法	实际读音
号码儿	mǎr	mǎr
山坡儿	pōr	pōr
唱歌儿	gēr	gēr
小玩意儿	yìer	yìr
小鱼儿	yúer	yúr
小毛驴儿	lǘer	lǘr

韵母 ai，ei，an，en 则 去 i/n 加 r

	写法	实际读音
一块儿	kuàir	kuàr
香味儿	wèir	wèr
名单儿	dānr	dār
窍门儿	ménr	mér

韵母的尾音是 ng，去掉 ng 加 r，同时元音鼻化

	写法	实际读音
帮**忙**儿	mángr	már
电**影**儿	yǐngr	yǐr
蛋**黄**儿	huángr	huár
小**胖**儿	pàngr	pàr

zi，ci，si，去掉 i [ɿ] 加 er

	写法	实际读音
棋**子**儿	zǐr	zěr
铁**丝**儿	sīr	sēr

zhi，chi，shi，去掉 i [ʅ] 加 er

	写法	实际读音
没**事**儿	shìr	shèr
树**枝**儿	zhīr	zhēr

◣ 儿化的功用

区分词性

盖	gài	（动词）	盖儿	gàir	（名词）
画	huà	（动词）	画儿	huàr	（名词）
古玩	wán	（名词）	玩儿	wánr	（动词）
尖	jiān	（形容词）	（针）尖儿	jiānr	（名词）
皮（了）	pí	（形容词）	皮儿	pír	（名词）

区分词义

白面	báimiàn	（食品）
白面儿	báimiànr	（毒品）

头	tóu	（脑袋）
头儿	tóur	（领导者）
眼	yǎn	（眼睛）
眼儿	yǎnr	（小孔）
加油	jiā yóu	（增添燃料）
加油儿	jiā yóur	（加把劲儿）
道	dào	（说话）
道儿	dàor	（路）

表示小的、轻微的、带有亲切的感情色彩

小花儿	xiǎohuār	菜籽儿	càizǐr
小猫儿	xiǎomāor	小狗儿	xiǎogǒur
小孩儿	xiǎoháir	小胖手儿	xiǎo pàng shǒur
钱包儿	qiánbāor	门缝儿	ménfèngr
肉丁儿	ròudīngr	肉片儿	ròupiànr

表示少、容易、简单、轻松

一点儿	yìdiǎnr	一会儿	yíhuìr
一下儿	yíxiàr	一半儿	yíbànr
有趣儿	yǒuqùr	干劲儿	gànjìnr
十来岁儿	shílái suìr	两个路口儿	liǎng ge lùkǒur
四五百字儿	sì wǔbǎi zìr	七八里路儿	qī-bā lǐ lùr

动词儿化表示时间短

等等儿	děngdengr	坐坐儿	zuòzuor
想想儿	xiǎngxiangr	聊聊儿	liáoliaor
数数儿	shǔshur		
歇歇儿	xiēxier		

▶ 儿化与非儿化词语辨析

1.	白花儿	bái huār	白色的花。
	白花	bái huā	白白用去。
2.	板儿	bǎnr	多指较硬的片状物，如门板儿。
	板	bǎn	(1) 古板、呆板
			(2) 绷 (běng) ~ 着脸。
3.	伴儿	bànr	同伴
	伴	bàn	陪伴
4.	成儿	chéngr	事情办成的希望：有八 ~ 希望。
			十分之一叫一成儿：三 ~
	成	chéng	(1) 成功：这事 ~ 了。
			(2) 表示行，可以：~，就这么办吧。
5.	出口儿	chūkǒur	能够出去的门或豁口。
	出口	chūkǒu	(1) 说出话：~ 伤人。
			(2) 本国货运往外国：~ 货。
6.	吹风儿	chuīfēngr	故意从旁透露消息，让人知道。
	吹风	chuīfēng	洗头后用吹风机吹干头发。
7.	地皮儿	dìpír	地的表面。
	地皮	dìpí	供建筑用的土地。
8.	丁儿	dīngr	肉、菜等切成小方块儿。
	丁	dīng	成年男子。
9.	对儿	duìr	(1) 对子、对联。
			(2) 量词。
	对	duì	正确
10.	翻儿	fānr	翻脸：说 ~ 就 ~ 了。
	翻	fān	(1) 翻动：~ 地。
			(2) 歪倒：~ 船。
11.	肝儿	gānr	指食用的牛、羊、猪等肝脏。
	肝	gān	人或高等动物的消化器官之一。

12. 盖儿　　gàir　　(1) 覆盖在器物上的东西。

　　　　　　　　　　(2) 某些动物背上的硬壳儿。

　　盖　　gài　　覆盖。

13. 干儿　　gānr　　经加工去掉水分制成的食品。

　　　　　　　　　葡萄～、白薯～。

　　干　　gān　　慢待，受冷遇：把我们～那儿了。

14. 好儿　　hǎor　　(1) 恩惠，好处：跟他有什么～？

　　　　　　　　　　(2) 问候：捎个～，问个～。

　　好　　hǎo　　觉得不错，满意。

15. 黄儿　　huángr　　禽类等的卵黄：鸡蛋～。

　　黄　　huáng　　(1) 喻中途失败：事儿～了。

　　　　　　　　　　(2) 指腐化堕落：～色电影。

16. 火星儿　huǒxīngr　很小的火点儿。

　　火星　　Huǒxīng　太阳系围绕太阳旋转的第四颗行星。

17. 加油儿　jiāyóur　喻进一步努力、奋进。

　　加油　　jiāyóu　添加燃料。

18. 开方儿　kāifāngr　开药方。

　　开方　　kāifāng　求一个数的方根的运算。

19. 空儿　　kòngr　　未被占用的地方或时间：

　　　　　　　　　　有～没～。

　　空　　kòng　　腾出，使空：先～着。

20. 口儿　　kǒur　　皮肤等破裂处：刺（lá）了个～。

　　口　　kǒu　　嘴。

21. 没劲儿　méijìnr　没力气。

　　没劲　　méijìn　没意思，没兴趣。

22. 片儿　　piànr　　多指不大的平而薄的东西：

　　　　　　　　　　纸～、肉～。

　　片　　piàn　　用刀把肉等横割成薄片：

　　　　　　　　　　～点儿肉。

23. 起火儿　qǐhuǒr　着急，发脾气：先别～。

　　起火　　qǐhuǒ　生火做饭：自个儿～。

24. 人家儿	rénjiār	住户或家庭：这个村子有多少～。	
人家	rénjia	(1) 指别人。　(2) 指自己。	
25. 信儿	xìnr	消息，音信：喜～、凶～。	
信	xìn	信件：来～、回～。	
26. 早点儿	zǎodiǎnr	表示早一些。	
早点	zǎodiǎn	早饭。	
27. 走道儿	zǒudàor	走路。	
走道	zǒudào	建筑物内外供人走的路。	

◤ 常用儿化词举例

本儿	běnr	冰棍儿	bīnggùnr
奔头儿	bèntour	板擦儿	bǎncār
大伙儿	dàhuǒr	刀把儿	dāobàr
底儿	dǐr	点儿	diǎnr
电影儿	diànyǐngr	调号儿	diàohàor
调门儿	diàoménr	粉末儿	fěnmòr
拐弯儿	guǎiwānr	过门儿	guòménr
好样儿	hǎoyàngr	壶嘴儿	húzuǐr
花园儿	huāyuánr	花招儿	huāzhāor
花盆儿	huāpénr	口哨儿	kǒushàor
快板儿	kuàibǎnr	老头儿	lǎotóur
老伴儿	lǎobànr	老本儿	lǎoběnr
脸蛋儿	liǎndànr	聊天儿	liáotiānr
露馅儿	lòuxiànr	零头儿	língtóur
麦穗儿	màisuìr	没空儿	méikòngr
面条儿	miàntiáor	门牌儿	ménpáir
名牌儿	míngpáir	模特儿	mótèr
没影儿	méiyǐngr	没趣儿	méiqùr
名片儿	míngpiànr	哪儿	nǎr
鸟儿	niǎor	那儿	nàr

赔本儿	péiběnr	窍门儿	qiàoménr
嗓门儿	sǎngménr	手头儿	shǒutóur
人缘儿	rényuánr	日班儿	rìbānr
条儿	tiáor	兔儿	tùr
台阶儿	táijiēr	玩儿	wánr
袜套儿	wàtàor	玩意儿	wányìr
味儿	wèir	小偷儿	xiǎotōur
小票儿	xiǎopiàor	媳妇儿	xífur
心坎儿	xīnkǎnr	一会儿	yíhuìr
有趣儿	yǒuqùr	夜宵儿	yèxiāor
雅座儿	yǎzuòr	一撇儿	yìpiěr
一块儿	yíkuàir	这儿	zhèr
早早儿	zǎozāor		

拼音练习六

一、标出"儿"字前的声调，读出下列词语。

1. 小曲（　　）儿
2. 小孩（　　）儿
3. 胖墩（　　）儿
4. 人影（　　）儿
5. 批个条（　　）儿
6. 土掉渣（　　）儿了

7. 小鱼（　　）儿
8. 晚点（　　）儿
9. 没门（　　）儿
10. 没劲（　　）儿
11. 啥事（　　）儿
12. 萝卜头（　　）儿

二、圈出句中的"儿化词"，读出下列句子。

1. 糟糕，今天忘了带钱包儿。
2. 这老头儿福气好，早就儿孙满堂了。
3. 这事儿真是哪儿跟哪儿啊！
4. 他儿子自力更生，从没有问他要一个子儿。
5. 你要是想从我这儿套什么消息，那可是门儿都没有！

拼音练习答案

拼音练习一

一、拼读下列各音节，找出相应的词语，把代表答案的英文字母填在
   括号内。

1. G
2. D
3. F
4. H

5. A
6. E
7. B
8. C

二、拼读下列词语，把声母填在括号内。

1. t
2. j
3. ch
4. q
5. q
6. t
7. q
8. j

9. j
10. x
11. j
12. x
13. x
14. j
15. x
16. c

三、拼读下列各音节，并写出汉字。

1. 佛教
2. 便宜
3. 烦恼
4. 逐渐
5. 主角

6. 禁忌
7. 融化
8. 隐患
9. 建设
10. 青睐

■　**拼音练习二**

一、拼读下列词语，把韵母填在括号内。

1. ong
2. uang
3. en
4. ing
5. ian
6. eng

7. ang
8. an
9. ün
10. eng
11. ong
12. eng

二、拼读下列各音节，并写出汉字。

1. 谴责
2. 寻找
3. 现代
4. 告辞
5. 威胁

6. 追求
7. 热闹
8. 否认
9. 成功
10. 诱惑

三、写出下列句子的汉语拼音，注意韵母的正确拼法。

1. Zǒngjié guòqù，zhèngshì wèile kāichuàng gèng měihǎo de wèilái。

2. Yǒuxiē zuòjiā shìyán yǔ zhèngzhì juéyuán，zhè yòu rúhé bàn de dào？

3. Wǒmen zài qīhēi rúmò de hé shàng yòu huále hěn jiǔ。

4. Wǒ mǔqin guǎnshù wǒ zuì yán。

5. Ǒuěr diànhuà li xiāngyù，yě wúfēi shì jǐ jù xúnchánghuà。

6. Dú yì běn hǎo shū，jiù shì hé xǔduō gāoshàng de rén tánhuà。

7. Zuótiān tāmen pùzi de xīhóngshì mài de hěn kuài，kùcún yǐjing bùduō le。

8. Liǎng gè tónglíng de niánqīng rén tóngshí shòugù yú yì jiā diànpù。

9. Zhè xiē yǐnyōu dōu kěnéng yǐngxiǎng zhè zuò chéngshì chángyuǎn de jìngzhēnglì。

10. Xiānggǎng de yōushì zàiyú zhāgēn yú zìyóu jīngjì tǐzhì hé jiǎndān de shuìzhì。

拼音练习三

一、拼读下列词语并标出声调。

1. ＼ ˇ ＼ ／	7. 一 ＼ ＼ ＼
2. ＼ ／ ＼ 一	8. ＼ ＼ ／ ˇ
3. ＼ 一 ＼ ˇ	9. ＼ ˇ ／ ＼
4. 一 一 一 ˇ	10. ／ ／ ＼ ＼
5. 一 一 ˇ ＼	11. 一 ／ ＼ ＼
6. ／ ＼ ˇ ＼	12. ＼ ／ ＼ 一

二、仔细聆听老师朗读下列句子，写出词语的拼音。

1. yōushì jīngjì jiǎndān

2. wúyí lìshǐ zhǔjué

3. suízhe wùzhì jiāohuàn

4. wēixiào jiǔnmlǎn fánnǎo

5. rénmen wàngji gǎigé

三、写出下列句子的汉语拼音，要求按正词法正确拼写。

1. Yǒuqíng yě hǎo，àiqíng yě hǎo，jiǔ ér jiǔ zhī dōu huì zhuǎnhuà wéi qīnqíng。

2. Shìjièbēi zěnme huì yǒu rúcǐ jùdà de xīyǐnlì？

3. Fángdìchǎn shìchǎng de pàomò bànsuízhe jīngjì de fāzhǎn。

4. Xībù dìqū shì Huáxià wénmíng de zhòngyào fāyuándì。

5. Zài wényì fùxīng zhī qián，Zhōngguó de sì dà fāmíng yǐjing lùxù chuánrù Ōuzhōu。

6. Yǎnqián de tǔdì kàn shangqu hǎoxiàng hé yǐqián bù yíyàng。

拼音练习四

一、朗读下列句子，圈出"上声"变调的字词。

1. 仿佛　长在
2. 起眼
3. 每个人　有可能
4. 体制　已经　主义
5. 普及　法律　改变　只用　审判
6. 找回
7. 航海家　探险旅程　想取得　恐怕　很难想象
8. 两次　转向
9. 只有　土豆
10. 可算　享受

二、判断下列句子中"一"、"不"需要变调的部分，并标出正确的声调。

1. 一句 ╱╲
2. 一步一步 ╱╲ ╱╲
3. 一生 ╲— 一份 ╱╲
4. 沒有變調
5. 一些 ╲—
6. 一下 ╱╲
7. 一段 ╱╲ 一条 ╲╱
8. 沒有變調
9. 一些 ╲—
10. 一旦 ╱╲

拼音练习五

一、拼读下列各音节，找出相应的词语，把代表答案的英文字母填在括号内。

1. G
2. E
3. D
4. B
5. F
6. H
7. C
8. A

二、把下列读作轻声的字圈出来。

1. 以 易   4. 了 密 有
2. 的 的 子   5. 子 子 装
3. 的 务

三、拼读下列音节，依拼音写出句子。

1. 所以家乡老辈都说我"像个先生样子"。

2. 他等到第二天早晨我睡醒时才教训我。

3. 消息传出后，世界各国的建筑师和游客云集。

4. 香港人的心血滋养着这颗璀灿的东方明珠。

5. 华夏祖先的脚步是顺着水边走的。

拼音练习六

一、标出"儿"字前的声调，读出下列词语。

1. ˇ   7. ˊ
2. ˊ   8. ˇ
3. ー   9. ˊ
4. ˇ   10. ˋ
5. ˊ   11. ˋ
6. ー   12. ˊ

二、圈出句中的"儿化词"，读出下列句子。

1. 钱包儿
2. 老头儿
3. 事儿 哪儿
4. 子儿
5. 这儿 门儿